중국어, 실수해도 괜찮아!

시사중국어사

중국어,
실수해도
괜찮아!

초판인쇄	2024년 6월 20일
초판발행	2024년 7월 5일

저자	이동은
편집	엄수연, 최미진, 연윤영, 高霞
펴낸이	엄태상
디자인	김지연
콘텐츠 제작	김선웅, 장형진
마케팅본부	이승욱, 왕성석, 노원준, 조성민, 이선민
경영기획	조성근, 최성훈, 김다미, 최수진, 오희연
물류	정종진, 윤덕현, 신승진, 구윤주

펴낸곳	시사중국어사(시사북스)
주소	서울시 종로구 자하문로 300 시사빌딩
주문 및 문의	1588-1582
팩스	0502-989-9592
홈페이지	http://www.sisabooks.com
이메일	book_chinese@sisadream.com
등록일자	1988년 2월 12일
등록번호	제300 - 2014 - 89호

ISBN 979-11-5720-261-4   13720

실수해도 괜찮아요, 우린 외국인이잖아요!

"안녕히 죽으세요(주무세요)."

한국어를 배우는 외국인의 실수에 박장대소를 했던 기억이 납니다. 저 또한 20여 년 동안 중국어를 배우고 가르치면서, 실수를 하고서 자다가 이불킥을 한 적이 한두 번이 아니었습니다. 생전 처음 보는 중국인에게 '니하오!(안녕!)'가 아니라 '니하오마?(잘 지내?)'라고 인사하질 않나, 툭하면 동문서답을 하질 않나.

신기한 점은 죽어라 외운 단어는 금방 잊어버리지만, 굴욕을 당한 기억은 몇 년이 지나도 뇌리에 콕 박혀 잊히지 않는다는 것입니다. 그래서 문득 언어를 저절로 학습하고 오래도록 기억할 방법은 실수를 통해 배우는 것이 아닐까 하는 생각이 들었고, 실수를 바라보는 태도가 긍정적으로 바뀌었습니다. 그렇게 인생에서 지우려야 지울 수 없는 중국어 실수담을 하나둘씩 수집하다 보니 어느새 한 권의 책이 되었습니다.

이 책에는 제가 한·중·미 삼국에서 몸소 겪은 시행착오와 눈물겨운 도전이 고스란히 담겨 있습니다. 중국어를 배우면서 한 번쯤은 겪을 만한 내용이라 공감하시는 분도 있을 겁니다. 단순한 실수가 아니라 실수로 인해 의사소통에 결정적인 문제가 생겼던 에피소드를 중점적으로 다루었습니다. 재미있게 읽다 보면 중국어 사용 시 최악의 시나리오를 예방할 수 있을 뿐만 아니라 실수 이면에 숨겨진 중국어의 의미와 특징까지 파악하게 될 것입니다.

아울러 이 책이 여러분에게 위로와 응원이 되었으면 합니다. 우리는 각자 언어 습득 능력이 다르고 학습 속도도 다릅니다. 오래 걸려도 괜찮습니다. 어제보다 발전하면 되니까요. 실수해도 괜찮습니다. 다음 번에는 좀 더 세련되게 실수하면 되니까요. 완벽해야 한다는 생각을 내려놓으면 외국어가 편해집니다. 저만의 방법을 공유해 보자면, 실수할 때마다 '괜찮아! 어차피 난 외국인이니까. 한국어도 틀릴 때 있는데.'라는 마음가짐이 자신감을 회복하는 데 큰 도움이 됐습니다.

끝으로 실수할 때마다 용기를 갖고 일어서게 해주신 하나님께 모든 영광을 올려드리며, 언제나 무한 지지를 보내주는 가족과 친구들, 소중한 경험을 함께한 은사님과 학생들, 그리고 작가의 꿈을 이뤄준 출판사 분들께 진심으로 감사의 마음을 전하고 싶습니다. 실수를 통해 배우는 과정에서 여러분의 중국어 실력이 한층 더 성장하기를 기대합니다.

저자 이동은

🐦 혼자 간직하기에는 아쉬운 여러분의 실수담을 기다립니다.(인스타그램 @lidongen33)

차 례

이 책의 구성

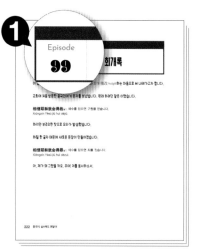

1 발음, 어휘, 문법, 문화, SNS와 관련하여 99개의 재미있는 에피소드를 모았습니다.

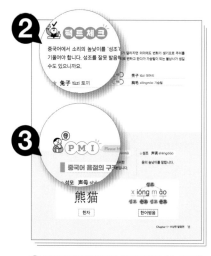

2 에피소드에 대한 팩트 체크를 통해 실수 이면에 숨겨진 중국어의 의미와 특징을 파악할 수 있습니다.

3 PMI를 통해 확장된 학습을 할 수 있습니다.

4 에피소드+는 본 에피소드 이외에 또 다른 에피소드를 소개합니다. 실수담을 통해 올바른 표현을 학습할 수 있습니다.

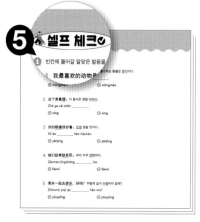

5 챕터별 셀프 체크를 통해 학습 내용을 확인할 수 있습니다.

이런 분들께 권해드립니다!

💡 중국인 앞에서 한없이 작아지는 분

중국어를 공부한 시간은 길지만 막상 중국인 앞에 서면 혀가 뻣뻣해지거나 실수할까 두려워 한 마디도 못하는 분이 계시다면, 이 책으로 굴욕 예행연습을 해보세요. 웬만한 실수에는 눈 하나 깜짝하지 않는 강철 멘탈이 생길 것입니다.

💡 시험공부만 하다 중국어가 질린 분

죽어라 외웠는데 기억나는 게 없다고요? 중국어 학습에 매너리즘을 느낀 당신, 잠시 쉬어 가셔도 괜찮습니다. 유쾌한 실수담을 읽다 보면 중국어에 대한 흥미는 쑥쑥 자라나고, 굳이 외우려 하지 않아도 저절로 암기가 될 것입니다.

💡 중국어를 재미있게 시작하고 싶은 분

99가지 재미있는 실수담을 알면 중국어의 특징을 발음, 어휘, 문법, 문화, SNS 측면에서 한눈에 들여다볼 수 있게 됩니다. 이 책에는 중국어 학습자라면 꼭 알아야 할 표현이 수록되어 있으며, 셀프 체크를 통해 학습 내용을 확인해 볼 수 있습니다.

💡 중국어와의 재회를 꿈꾸는 분

한때 의욕은 충만했지만 이제는 아예 중국어와 담을 쌓고 다른 언어로 환승하신 분 계신가요? 마음 한편에 중국어에 대한 옛정이 조금이라도 남아 있다면 색다른 만남을 시도해 보세요. 하루에 하나씩 시작이 반입니다. 애써 배운 중국어를 몽땅 잊어버리기 전에 지금 바로 도전해 보세요!

Chapter
1

수상한 발음편

♦ ♦ ♦

헷갈리는 성조, 성조에 따른 의미 변화, 한국어에 없는 발음, 보통화와
다른 사투리 발음, 해음 현상, 한국어처럼 들리는 중국어 발음 때문에
곤욕을 치렀던 경험들이 담겨있습니다. 중국어를 맛있게 요리하려면
먼저 발음을 잘 익혀야 합니다.

Episode

01

가슴털을 좋아해

수업시간에 있었던 일입니다.

중국어로 좋아하는 동물 动物 dòngwù 이름을 말해보라고 했더니, 한 학생 学生 xuésheng이 대뜸 대머리를 좋아한다고 하더군요.

겨우 웃음을 참았는데 그 옆자리에 앉은 학생이 더욱 가관입니다.

"저는 가슴털을 아주 좋아해요."

학생들이 도대체 왜 이러는 걸까요?

중국어에서 소리의 높낮이를 '성조'라고 하는데, 성조가 달라지면 의미에도 변화가 생기므로 주의를 기울여야 합니다. 성조를 잘못 발음하면 토끼는 대머리로 변하고 판다가 가슴털이 되는 불상사가 생길 수도 있으니까요.

| ★ 兔子 tùzi 토끼 | VS | 秃子 tūzi 대머리 |
| ★ 熊猫 xióngmāo 판다 | VS | 胸毛 xiōngmáo 가슴털 |

중국어 음절의 구조

○ 성모 声母 shēngmǔ

　音절의 첫 부분에
　나오는 자음입니다.

○ 운모 韵母 yùnmǔ

　성모를 제외한
　나머지 부분입니다.

○ 성조 声调 shēngdiào

　음의 높낮이를 말합니다.

熊猫

한자

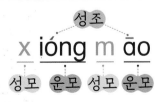

성조

x ióng m āo

성모 운모 성모 운모

한어병음

꿔빠오러우 맛집

중국 단골 식당에서 있었던 일입니다.

어김없이 최애 메뉴인 꿔빠오러우 锅包肉 guōbāoròu를 주문했죠.

그런데 그날따라 고기가 비린 겁니다.

종업원 服务员 fúwùyuán을 불러 음식이 비리다고 했는데, 고맙다는 한 마디뿐.

말이 안 통하자 이번엔 직접 먹어보라며 철면피 신공을 펼쳤습니다.

시식을 해보더니 새것으로 바꿔주더군요. 꿔빠오러우 먹기가 이렇게 힘들줄이야.

저기요~
꿔빠오러우 좀 드셔보세요.

'음식 맛이 비리다'라는 'xing'은 제1성으로 발음합니다. 그러나 필자는 2성으로 발음해서 '대단하다', '훌륭하다'라는 뜻이 되어버렸습니다.

⭐ **这个菜真腥。** 이 음식은 정말 비려요.
　Zhè ge cài zhēn xīng.

⭐ **这个菜真行。** 이 음식은 정말 훌륭해요.
　Zhè ge cài zhēn xíng.

Please More Information

성조

표준 중국어에는 4개의 성조가 있습니다.
- **제1성**: 동요 <산토끼>의 첫 소절 '산—'처럼 높고 평평한 소리.
- **제2성**: 궁금할 때 '왜에?'처럼 올리는 소리.
- **제3성**: 깨달음을 얻었을 때 '아~하'처럼 내렸다가 올리는 소리.
- **제4성**: 까마귀가 울 때 '깍깍'처럼 위에서 떨어지는 소리.

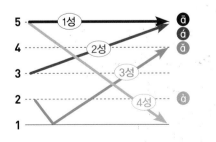

성조에 따른 의미 변화
- ①성 腥 xīng 비리다
- ②성 行 xíng 대단하다
- ③성 醒 xǐng 잠에서 깨다
- ④성 姓 xìng 성씨

Episode 03

냄새나는 남자 친구

你有男朋友吗? 남자 친구 있니?
Nǐ yǒu nánpéngyou ma?

중국어 선생님께 남자 친구가 있다고 말씀드리니 같이 만나자고 하시는 게 아니겠어요?

쑥스러워서 입에서 나오는대로 핑계 借口 jièkǒu를 대긴 했는데, 선생님이 무척이나 당황해하셨습니다.

"안 돼요. 제 남자 친구는 냄새가 심해요."

'chou'를 3성으로 발음하면 '못생기다(丑 chǒu)'라는 뜻인데, 4성으로 발음하는 바람에 '악취가 난다 (臭 chòu)'는 뜻이 되어버렸습니다. 당시 남자 친구에게는 정말 미안했지만, 못 생긴 것과 냄새나는 것 중 어느 게 더 상처가 됐을까요?

⭐ **不行，我的男朋友很丑。** 안 돼요. 제 남자 친구는 못생겼어요.
　 Bù xíng, wǒ de nánpéngyou hěn chǒu.

⭐ **不行，我的男朋友很臭。** 안 돼요. 제 남자 친구는 냄새가 심해요.
　 Bù xíng, wǒ de nánpéngyou hěn chòu.

제3성의 변화

① 3성과 3성이 연이어 나올 경우, 앞의 3성은 2성으로 발음합니다.

제3성 + 제3성 → 제2성 + 제3성

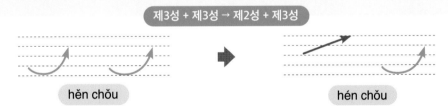

hěn chǒu　　　　　　　　　hén chǒu

② 3성이 1성, 2성, 4성, 경성 앞에 나올 경우, 3성의 절반만 발음합니다.

제3성 + 제1,2,4성, 경성 → 반3성 + 제1,2,4성, 경성

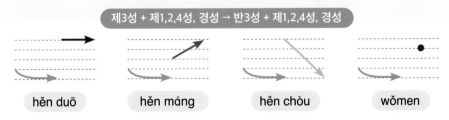

hěn duō　　　hěn máng　　　hěn chòu　　　wǒmen

Episode 	대단한 한국인

학교에서 알게 된 중국 친구에게 한국어 개인 지도를 하게 되었습니다.

문제는 그 친구가 남자였는데 여자 친구 女朋友 nǚpéngyou가 있었지 말입니다.

며칠 뒤 여자 친구가 무턱대고 제게 전화를 걸어 자신의 남자 친구와 무슨 사이냐고 캐묻더군요.

저는 아주 쿨 酷 kù하게 답했습니다.

"오해하지 마, 나는 그의 중국어 선생님이야."

으잉? 얼마나 대단한 한국인이길래 중국인에게 중국어를 가르칠까요?

결국 오해 误会 wùhuì는 풀렸지만, 마음 한켠이 씁쓸하더군요.

한국어는 '韩语 Hányǔ'이고, 중국어는 '汉语 Hànyǔ'입니다. 같은 발음에 2성과 4성 차이라서 혼동하지 않도록 주의해야 합니다.

★ **韩国** Hánguó 한국	(vs)	**中国** Zhōngguó 중국	
★ **韩国人** Hánguórén 한국인	(vs)	**中国人** Zhōngguórén 중국인	
★ **韩语** Hányǔ 한국어	(vs)	汉语 Hànyǔ 중국어	

중국어의 명칭

왜 중국어를 '중국어'라고 하지 않느냐고요? 중국은 다민족 국가로서 한족(汉族 Hànzú)이 전체 인구의 94%를 차지하고 있으며, 나머지 6%는 55개의 소수민족으로 구성되어 있습니다. 소수민족도 각자의 고유 언어를 가지고 있기에 그들의 언어도 모두 중국어가 될 수 있습니다.

중국어라는 개념이 다소 포괄적이죠? 그래서 여러 민족 중에서 한족이 쓰는 언어라는 의미로 '한어(汉语 Hànyǔ)'라는 명칭을 사용합니다. '한어'는 좁은 의미로는 표준 중국어를 가리키는데, 넓은 의미로는 베이징어, 상하이어, 광둥어 등 중국의 각 지방 방언을 모두 포함하는 개념입니다.

따라서 민족이나 지방에 관계없이 통하는 표준어를 가리키는 말이 필요한데, 그것이 바로 '보통화(普通话 pǔtōnghuà)'입니다.

Episode 05

한여름의 냉기

무더운 여름 夏天 xiàtiān날이었습니다.

필자가 살던 중국 광둥성 광저우시 广东省广州市 Guǎngdōng Shěng Guǎngzhōu Shì는 여름 평균 온도가 40도를 웃도는 곳입니다. 식당에서 냉수 冷水 lěngshuǐ 한 잔 벌컥벌컥 마시면 딱 좋겠는데 뜨거운 차를 내오다니 속에서 열불이 났습니다.

그래서 종업원에게 당당하게 얼음을 요구했습니다.

"니여우삥마?"

종업원은 그 자리에서 얼음처럼 굳어버렸고 싸늘한 기운만 감돌았습니다.

제가 대체 뭘 잘못한거죠?

 **팩트체크**

'有冰 yǒu bīng(얼음이 있다)'은 '有病 yǒu bìng(병이 나다, 제정신이 아니다)'과 발음이 같아서 종업원에게는 '당신 미쳤어요?'라고 욕하는 말처럼 들렸을 것입니다. 물이나 커피에 넣어 먹는 얼음덩이는 '冰 bīng'이 아니라 '冰块(儿) bīngkuài(r)'입니다.

참고로 카페에서 음료에 얼음을 넣을 때는 '加冰 jiā bīng', 얼음을 빼달라고 할 때는 '去冰 qù bīng'이라고 말합니다.

⭐ **A:** 来一杯热的冰美式。 뜨거운 아이스 아메리카노 한 잔 주세요.
  Lái yì bēi rè de bīng měishì.

B: 你有病啊！ 제정신이에요?
  Nǐ yǒu bìng a!

기발한 성조 연습

① 성 **出租车司机天天喝新鲜咖啡。** 택시 기사는 매일 신선한 커피를 마신다.
  Chūzūchē sījī tiāntiān hē xīnxiān kāfēi.

② 성 **韩国人学习德国足球。** 한국인이 독일 축구를 공부한다.
  Hánguórén xuéxí Déguó zúqiú.

③ 성 **我也很想你。** 나도 많이 보고 싶어.
  Wǒ yě hěn xiǎng nǐ.

④ 성 **大妹在宿舍做意大利面。** 큰 누이가 기숙사에서 파스타를 만든다.
  Dàmèi zài sùshè zuò yìdàlìmiàn.

Episode **06**

이상한 아이

교무실에서 선생님들과 마주쳤습니다.

중국어는 못해도 인사 打招呼 dǎ zhāohu라도 잘해야겠다는 생각에, 미소 微笑 wēixiào를 지으며 수줍게 인사하니 한 선생님이 저를 가리키며 이렇게 말하는 겁니다.

"쟤는 참 이상한 애야."

다른 선생님들도 맞장구를 치며 동조하시더군요.

어라? 내가 이상한 아이라고?

선생님 말씀은 '이상하다, 괴상하다'는 뜻의 '怪 guài'가 아니라, '착하다, 얌전하다'는 뜻의 '乖 guāi'였다는 안타까운 이야기입니다. 저는 이미 칭찬을 듣자마자 도망가는 이상한 아이가 되어버렸는 걸요.

⭐ **她是很乖的孩子。** 쟤는 참 착실한 애야.
Tā shì hěn guāi de háizi.

⭐ **她是很怪的孩子。** 쟤는 참 이상한 애야.
Tā shì hěn guài de háizi.

칭찬에 답하기

⭐ **谢谢!** 감사합니다!
Xièxie!

⭐ **过奖了!** 과찬이십니다!
Guòjiǎng le!

⭐ **哪儿啊，还差得远呢!** 뭘요, 아직 멀었습니다!
Nǎr a, hái chà de yuǎn ne!

Episode

상사의 아내

대기업 과장님의 실수담입니다.

과장님은 평소에 신입사원 新职员 xīn zhíyuán들을 잘 챙겨주기로 소문이 나 있었습니다.

직장 내 동료 결혼식 婚礼 hūnlǐ이 다가오자 늘상 편한 캐주얼 차림 休闲服 xiūxiánfú으로 출근하는 중국인 사원에게 이렇게 말했답니다.

"너 양복 있니? 없으면 내가 빌려줄게."

이에 중국인 사원은 순간 멍해졌습니다. 헉, 상사가 아내를 빌려준다니!

과장님은 결혼식에 옷을 잘 챙겨 입고 오라는 의미에서 양복을 빌려준다고 했는데, '양복(西服 xīfú)'을 '아내(媳妇 xífu)'로 잘못 발음했다고 합니다. '媳妇 xífù'는 원래 '며느리'라는 뜻인데, 'xífùr'로 발음하거나 뒤를 경성으로 읽어 'xífu'로 발음하면 '아내'라는 뜻으로도 쓰입니다.

★ 我借给你我的西服。　너에게 내 양복을 빌려줄게.
Wǒ jiè gěi nǐ wǒ de xīfú.

★ 我借给你我的媳妇。　너에게 내 아내를 빌려줄게.
Wǒ jiè gěi nǐ wǒ de xífu.

Please More Information

경성(轻声 qīngshēng)

경성은 짧고 가볍게 발음하는 소리입니다. 따로 성조를 표기하지 않으며, 높이는 앞 음절의 성조에 따라 달라집니다.

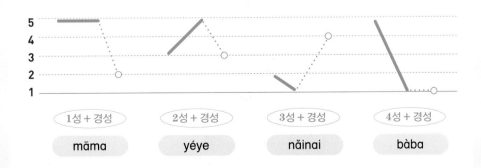

1성 + 경성	2성 + 경성	3성 + 경성	4성 + 경성
māma	yéye	nǎinai	bàba

Episode

08

정체불명의 요리

중국 친구들과 함께 한 식사 시간. 고맙게도 중국 친구들이 요리를 미리 주문 点菜 diǎncài해놓았습니다.

그중 유난히 맛있어 보이는 탕요리가 있었는데, 광둥 지역을 대표하는 유명한 요리랍니다.

뭐냐고 물었더니 '꺼쯔탕'이래요.

당시 스마트폰 智能手机 zhìnéng shǒujī이 없던 시절이라 실시간 검색 实时搜索 shíshí sōusuǒ도 못하니 알 길이 없었죠.

정체불명의 요리를 그 자리에서 뚝딱 해치우고 기숙사로 돌아와서 사전 词典 cídiǎn을 찾아봤는데요.

으악~ 역시 모르는 게 약이었네요!

와~ 맛있겠다! 삼계탕인가?

광둥 지역에는 하늘을 나는 것 중 비행기를, 네 발 달린 것 중 책상을 빼고는 무엇이든 다 식재료로 사용한다는 말이 있습니다. 맛있게 먹었던 '꺼쯔'의 정체는 평소에 무서워서 피해다니던 '비둘기(鸽子 gēzi)'였습니다. 어쩐지 식사 중에 뜬금없이 계속 '키(个子 gèzi)'를 묻길래 의아했었는데 알고 보니 비둘기 얘기였네요.

Please More Information

같은 발음 다른 성조를 가진 단어

★ 汤 tāng 탕, 국 　　VS　　 糖 táng 사탕

★ 杯子 bēizi 컵 　　VS　　 被子 bèizi 이불

★ 眼睛 yǎnjing 눈 　　VS　　 眼镜 yǎnjìng 안경

★ 梨子 lízi 배 　　VS　　 栗子 lìzi 밤

★ 老公 lǎogōng 남편 　　VS　　 劳工 láogōng 노동자

★ 大嫂 dàsǎo 큰형수 　　VS　　 打扫 dǎsǎo 청소하다

★ 舒服 shūfu 편안하다 　　VS　　 束缚 shùfù 속박하다

★ 游泳 yóuyǒng 수영하다 　　VS　　 有用 yǒuyòng 유용하다

★ 联系 liánxì 연락하다 　　VS　　 练习 liànxí 연습하다

★ 毛衣 máoyī 스웨터 　　VS　　 贸易 màoyì 무역

★ 北京 Běijīng 베이징 　　VS　　 背景 bèijǐng 배경

★ 误会 wùhuì 오해하다 　　VS　　 舞会 wǔhuì 무도회

★ 鱿鱼 yóuyú 오징어 　　VS　　 犹豫 yóuyù 망설이다

★ 香蕉 xiāngjiāo 바나나 　　VS　　 橡胶 xiàngjiāo 고무

★ 祈福 qífú 복을 빌다 　　VS　　 欺负 qīfu 괴롭히다

Episode 09

어머, 이건 꼭 사야 해

대학 새내기 중알못 시절, 베이징으로 패키지여행 跟团旅游 gēntuán lǚyóu을 가서 생긴 일입니다.

기념품 纪念品 jìniànpǐn 가게에서 실크 스카프 丝绸围巾 sīchóu wéijīn에 자꾸 눈길이 가는 겁니다.

"니하오!"라고 점원에게 살며시 인사만 건넸을 뿐인데 스카프를 보여주며 중국어로 쌀라쌀라 하더군요. 판매원이 하는 말을 하나도 못 알아들었지만, 그중에서 웬일로 귀에 꽂히는 단어가 있었습니다.

"량콰이."

와~ 실크 스카프가 2위안이면 싸다 싸!

'시원하다(凉快 liángkuài)'를 중국 돈 '2위안(两块 liǎng kuài)'으로 잘못 알아들어서 생긴 에피소드입니다. 품질도 좋아보이는데 물가가 정말 싸구나 싶어 잔뜩 골랐는데, 하나 가격에 'O'이 두 개나 더 붙는 사실을 알고 달랑 한 장만 샀네요.

★ **A:** 这是用丝绸做的，凉快。 이거 실크로 만든 거라 시원해요.
Zhè shì yòng sīchóu zuò de, liángkuài.

B: 两块？真便宜！ 2위안이라고요? 거저네요!
Liǎng kuài? Zhēn piányi!

에피소드+

중국계 회사에 취직한 김 모 씨도 비슷한 굴욕을 겪었습니다.

어느 날 동료가 택배를 보내기 위해 테이프를 달라고 부탁했는데, 순간 당황해서 어쩔 줄 몰랐다고 합니다. '접착 테이프(胶带 jiāodài)'와 '해명하다(交代 jiāodài)'의 중국어 발음이 같아서, 잘못을 솔직히 털어놓으라는 줄 알았답니다.

★ 给我一个胶带(交代)！ 테이프 좀 줄래?(솔직히 말해!)
Gěi wǒ yí ge jiāodài(jiāodài)!

순대 한 접시

중국어 강사 안 모 씨의 사연입니다.

간식으로 포장해 온 순대 *血肠* xiěcháng 한 접시가 남아서 동료 강사들에게 나눠주려고 했답니다.

"이거 남은 건데, 드세요."

놀랍게도 이 말을 듣자마자 모두들 입에 넣은 순대를 삼키지 못했다고 합니다.

순대를 못 먹게 된 이유는 무엇일까요?

'남은 것(剩的 shèng de)'과 '덜 익은 것(生的 shēng de)'의 발음이 같아서 동료들이 순대를 덜 익은 것으로 오해했답니다. '生 shēng'에는 밥이나 고기 등의 음식이 '날것이다, 설익다'라는 뜻이 있습니다.

혹시 식당에서 물만두를 주문하다가 실수한 경험이 있으신가요? 한국 사람은 물론이고 외국인도 자주 실수를 한다고 합니다. '水饺 shuǐjiǎo(물만두)'를 잘못 발음하여 '睡觉 shuìjiào(잠자다)'로 발음한다면 다음과 같은 상황이 벌어질 수 있습니다.

⭐ **A: 我要睡觉(水饺)。** 저 잘게요.(물만두 주세요.)
  Wǒ yào shuìjiào(shuǐjiǎo).

  B: 你是不是很累啊? 많이 피곤하신가 봐요?
  Nǐ shì bu shì hěn lèi a?

  A: 一点儿也不累, 我肚子很饿。 하나도 안 피곤해요. 배가 고파요.
  Yìdiǎnr yě bú lèi, wǒ dùzi hěn è.

내가 어찌 감히

미국 美国 Měiguó 유학 중 춘절 春节 Chūnjié 당일에 있었던 일입니다.

중국 친구의 집에 놀러 갔는데 고향 생각이 났는지 만두 饺子 jiǎozi를 해 먹자고 하더군요. 그래서 유학생들끼리 만두를 만들기로 했습니다.

재료 준비를 마치고 친구가 저보고 하는 말이,

你敢不敢? 너 감히 할 수 있어?
Nǐ gǎn bù gǎn?

무엇이길래 감히 해야 하는지 두려워 못하겠다고 거절했습니다.

이때 한 친구가 용감 勇敢 yǒnggǎn하게 자신이 하겠다고 나섰습니다.

과연 무엇이었을까요?

바로 밀대로 만두피를 미는 것이었습니다. 친구가 한 말은 '감히 해보라'는 '敢 gǎn'이 아니라 '만두피를 민다'는 뜻의 '擀 gǎn'이었습니다. 그 후로 제 별명은 만두피도 못 미는 '胆小鬼 dǎnxiǎoguǐ(겁쟁이)'가 되었습니다.

Please More Information

간단한 만두 레시피

食材: 面粉, 猪肉, 鸡蛋, 白菜, 葱, 盐, 酱油
shícái: miànfěn, zhūròu, jīdàn, báicài, cōng, yán, jiàngyóu
식재료: 밀가루, 돼지고기, 계란, 배추, 파, 소금, 간장

❶ 和面 huómiàn
밀가루 반죽을 합니다.

❷ 做馅儿 zuò xiànr
취향에 따라 소를 만듭니다.

❸ 擀面皮 gǎn miànpí
만두피를 밀대로 얇게 폅니다.

❹ 包饺子 bāo jiǎozi
만두를 빚습니다.

도박은 위험해

다음은 필자가 미국 유학 留学 liúxué을 준비하고 있을 시기에 중국어 선생님과 나눴던 대화입니다.

선생님

毕业以后打算做什么? 졸업 후에 뭐 할 거니?
Bìyè yǐhòu dǎsuàn zuò shénme?

我想去美国。 미국에 가고 싶어요.
Wǒ xiǎng qù Měiguó.

필자

선생님

去美国干什么? 미국 가서 뭐하게?
Qù Měiguó gàn shénme?

我要读博。 박사 공부 하려고요.
Wǒ yào dú bó.

필자

선생님

什么? 赌博? 뭐라고? 도박을 한다고?
Shénme? Dǔbó?

'读博 dú bó(박사를 공부하다)'와 '赌博 dǔbó(도박하다)'의 발음이 비슷해서 이러한 오해가 생긴 것입니다. '读博'는 '박사과정을 밟는다'는 뜻인 '读博士 dú bóshì'의 줄임말입니다. 선생님은 순간 제가 도박하러 미국 라스베이거스에 간다는 줄 알고 화들짝 놀라셨다고 합니다. 이래서 평소에 쌓은 이미지가 중요하다고 하는가 봅니다.

참고로 대학원생은 중국어로 '研究生 yánjiūshēng'이라고 합니다. 연구를 뜻하는 '研究 yánjiū'는 공교롭게도 '담배와 술'을 통칭하는 '烟酒 yānjiǔ'와 발음이 유사합니다. 대학원에 가서 어떤 연구에 전념할지는 본인의 선택에 달려있습니다.

계단을 조심해

중국 친구와 영화를 보기로 한 날 대굴욕을 겪었습니다.

당시 저는 7층 매표소 售票处 shòupiàochù에서, 친구는 8층 영화관 입구 电影院门口 diànyǐngyuàn ménkǒu에서 기다리고 있었습니다.

"내가 계단을 올라갈까 아니면 네가 내려올래?"

전화로 물었는데 친구가 굉장히 부끄러워하네요.

내가 '계단'을 '알몸'이라고 말했다고?

계단으로 다닐 때도 조심해야 하지만 계단을 말할 때도 조심해야 합니다. 중국어로 '계단을 오르다'는 '上楼(梯) shàng lóu(tī)', 반대로 '계단에서 내려가다'는 '下楼(梯) xià lóu(tī)'라고 합니다. 필자는 '楼梯 lóutī(계단)'를 '裸体 luǒtǐ(알몸)'라고 잘못 발음하여 '위아래 알몸'으로 만들어 버렸습니다.

가끔 중국에 간 외국인들이 길거리에서 키스해달라고 조르는 경우가 생긴다고 하니 발음에 유의해야 합니다.

⭐ **请问一下。** 실례합니다, 뭐 좀 여쭤볼게요.
　Qǐng wèn yíxià.

⭐ **请吻一下。** 키스해주세요.
　Qǐng wěn yíxià.

초급자들이 자주 실수하는 발음 중의 하나. 애견인이라면 운모 발음을 특히 조심해야 합니다.

⭐ **你吃过吗?** 먹어본 적 있어요?
　Nǐ chī guo ma?

⭐ **你吃狗吗?** 강아지를 드세요?
　Nǐ chī gǒu ma?

Episode 14

부자가 되라

중국 친구가 아프다는 소식을 듣고 기숙사로 병문안 探病 tànbìng을 가게 되었습니다.

왕초보 시절이라 할 줄 아는 말이 없어서 급히 책에서 "쾌차하세요."라는 문장을 찾았습니다.

希望你早日康复!   빨리 낫길 바라!
Xīwàng nǐ zǎorì kāngfù!

'짜오르캉푸, 짜오르캉푸' 가는 도중에도 열심히 외웠습니다.

그러나 막상 아파서 누워있는 친구에게 한 말은,

"짜오르껑푸!(하루빨리 부자 되세요!)"

발음 실수로 인해 '**早日康复** zǎorì kāngfù(쾌차하세요)'가 '**早日更富** zǎorì gèng fù(하루빨리 부자 되세요)'라는 말이 되어버렸습니다. 친구는 부자가 되라는 새해 덕담인 줄 알았다네요. 굴욕을 맛봤지만 아픈 친구에게 큰 웃음을 안겨줄 수 있었습니다.

바로 써먹는 인사말

新年快乐！	Xīnnián kuàilè!	새해 복 많이 받으세요!
万事如意！	Wànshì rúyì!	만사 잘 풀리길 바랍니다!
恭喜发财！	Gōngxǐ fācái!	부자 되세요!
周末愉快！	Zhōumò yúkuài!	즐거운 주말 보내세요!
生日快乐！	Shēngrì kuàilè!	생일 축하해요!
一路平安！	Yílù píng'ān!	먼 길 잘 다녀오세요!

공포영화광

친구

你喜欢看什么电影? 무슨 영화 좋아해?
Nǐ xǐhuan kàn shénme diànyǐng?

我爱看功夫电影。 난 무술 영화를 즐겨 봐.
Wǒ ài kàn gōngfu diànyǐng.

필자

친구

你不害怕吗? 무섭지 않아?
Nǐ bú hàipà ma?

怕什么呀! 뭐가 무섭다고 그래!
Pà shénme ya!

필자

쿵후 동작을 보여주니 그제야 이해한 중국 친구.

또 무슨 실수를 저지른 걸까요?

팩트체크

'功夫 gōngfu(무술, 쿵후)'를 광둥어 발음으로는 'Kungfu(쿵푸)'라고 합니다. 당시 필자는 쿵푸를 '恐怖 kǒngbù(공포)'와 더 가깝게 발음했지 뭡니까! 순식간에 공포영화광이 되어버렸습니다.

참고로 '功夫'에는 '시간'과 '노력'이라는 뜻도 있습니다. 무술을 연마하기 위해서는 기나긴 수련의 시간을 거쳐야 하는 법이니까요.

Please More Information

당신의 영화 취향은?

动作片 dòngzuòpiàn	액션 영화
武侠片 wǔxiápiàn	무협 영화
爱情片 àiqíngpiàn	멜로 영화
喜剧片 xǐjùpiàn	코미디 영화
动画片 dònghuàpiàn	만화 영화
恐怖片 kǒngbùpiàn	공포 영화
惊险片 jīngxiǎnpiàn	스릴러 영화
犯罪片 fànzuìpiàn	범죄 영화
科幻片 kēhuànpiàn	과학 공상 영화
灾难片 zāinànpiàn	재난 영화
剧情片 jùqíngpiàn	스토리 중심 영화
歌舞片 gēwǔpiàn	뮤지컬 영화
战争片 zhànzhēngpiàn	전쟁 영화

지금은 살해중

이번에는 조금 섬뜩한 이야기입니다.

중국어 선생님이 학생이 수업에 오지 않아 걱정스러운 마음에 전화를 걸었다가 간담이 서늘해졌다고 합니다.

선생님
你在干什么? 뭐하고 있니?
Nǐ zài gàn shénme?

我在杀呀。 죽이고 있어요. 학생
Wǒ zài shā ya.

선생님
杀谁? 누굴 죽여?
Shā shéi?

학생이 입안에 거품 때문에 운모를 잘못 발음해서, 선생님은 '양치질을 하고 있어요.(我在刷牙。Wǒ zài shuāyá.)'를 '죽이고 있어요.(我在杀呀。Wǒ zài shā ya.)'로 들었다고 합니다.

같은 예로, 식당에서 새우볶음밥(虾仁炒饭 xiārén chǎofàn) 대신에 살인볶음밥(杀人炒饭 shā rén chǎofàn)을 주문하는 실수를 범할 수도 있습니다.

중국어 발음이 새면 등골이 오싹해질 수 있으니 주의하세요!

Please More Information

중국어의 운모

단운모	복합운모
a	ai　ao　an　ang
o	ou　ong
e	ei　en　eng　er
i	ia　ie　iao　iou(iu)　ian　in　iang　ing　iong
u	ua　uo　uai　uei(ui)　uan　uen(un)　uang　ueng
ü	üe　üan　ün

* 붉은색으로 표기된 부분은 a와 e에 주의해야 할 발음입니다.

Episode

17

새벽시장 갈래?

광저우에서 지내는 동안 현지에서 리리라는 친구를 알게 되었습니다.

내일 시내로 쇼핑 购物 gòuwù하러 가자면서 뜬금없이 오전 4시에 만나자고 하는 겁니다.

새벽시장 早市 zǎoshì에 가자는 것인가 하여 영어로 다시 물어보니 오전 10시라네요.

하마터면 꼭두새벽부터 일어날 뻔했습니다.

분명 十 shí가 아니라 四 sì라고 들렸는데 이상하네요.

중국어의 권설음(卷舌音 juǎnshéyīn)에 얽힌 이야기입니다. 일명 혀를 말아올리는 소리라 하여 한국인이 어려워하는 발음 중 하나인데, 일부 중국인도 어려워한다는 사실을 아시나요?

상하이를 비롯해 충칭, 쓰촨, 후난, 후베이, 광둥 등 대부분의 남방 지역에서는 권설음 [zh, ch, sh]를 [z, c, s]와 구분하지 않습니다. 그래서 4시를 10시로, 4위안을 10위안으로 알아듣는 일이 실제로 발생합니다.

Please More Information

중국어의 성모

성모	결합운모	발음 Tip
b p m	o	윗입술과 아랫입술을 붙였다가 뗍니다.
f	o	윗니를 아랫입술에 살짝 댔다가 뗍니다.
d t n l	e	혀끝을 윗잇몸에 붙였다가 뗍니다.
g k h	e	혀뿌리를 입천장으로 끌어올립니다.
j q x	i	혀를 납작하게 입천장에 붙였다가 뗍니다.
zh ch sh r	i	혀끝을 둥글게 말아 입천장에 붙였다가 뗍니다.
z c s	i	혀끝을 윗니 뒤에 붙였다가 뗍니다.

Episode	힐튼 호텔을 찾아라
18	

아빠와 칭다오 青岛 Qīngdǎo로 여행을 갔을 때 일입니다.

택시 出租车 chūzūchē를 타고 기사님 师傅 shīfu에게 목적지를 말했습니다.

"힐튼으로 가주세요."

그런데 기사님이 계속 되물으시는 겁니다.

몇 차례 시도 끝에 포기하고 주소 地址 dìzhǐ를 내밀었더니, '시얼뚠!'이라는 기사님.

아니, Hilton이면 힐튼이지 시얼뚠이 뭐야. '히' 발음이 뭐가 어렵다고!

힐튼으로 가주세요.

반전은 표준 중국어에는 정말 '히' 발음이 없었던 것입니다. 보통화에는 '기[gi], 키[ki], 히[hi]' 라는 발음이 없고, 이를 '지[ji], 치[qi], 시[xi]'가 대신하고 있습니다. 외래어를 표기할 때 [기, 키, 히] 발음을 [지, 치, 시]가 담당하는 것을 쉽게 볼 수 있습니다.

guitar	기타	吉他 jítā
cookie	쿠키	曲奇 qūqí
Hilton	힐튼	希尔顿 Xī'ěrdùn

Please More Information

▌ V 발음도 없다?

보통화에는 [v]에 해당하는 음운이 존재하지 않아서 [v]를 [w]로 대체하여 발음하는 경향이 있습니다. 알아두면 중국인들과 영어로 소통할 때 유용합니다.

Las Vegas	拉斯维加斯 Lāsīwéijiāsī	라스베이거스(지명)
Volvo	沃尔沃 Wò'ěrwò	볼보(상표명)
Victoria	维多利亚 Wéiduōlìyà	빅토리아(인명)

Episode

19

장바구니가 궁금해

후베이 湖北 Húběi 출신 '왕녠'이라는 친구와 함께 장을 보러 갔는데, '리우라이'라는 물건을 사야 한다는 겁니다.

도대체 뭘까요? 처음 듣는 물건이라 궁금했습니다.

친구가 무엇을 샀는지 장바구니 菜篮 càilán를 찬찬히 살펴보니, '리우라이'는 다름 아닌 '니우나이 牛奶 niúnǎi', 즉 '우유'였습니다.

후베이, 충칭, 안후이 등지에서는 성모 [n]과 [l]을 잘 구분하지 않는다고 합니다. 쉽게 말해서 '나무'를 '라무'라고 하고, '라면'을 '나면'이라고 발음하는 것과 비슷한 맥락입니다. 그래서 '왕녠'은 고향에 가면 이름이 '왕롄'으로 바뀐다고 합니다.

★ **A:** 这里有纸巾吗?　여기 휴지 있어요?
　　Zhèli yǒu zhǐjīn ma?

　B: 酒精?　我们没有的。　알코올? 우리 없어요.
　　Jiǔjīng? Wǒmen méi yǒu de.

상하이 여행 중 상점에 들렀는데 점원이 '휴지'를 못 알아들은 겁니다. 휴지를 '餐巾纸 cānjīnzhǐ'라고 하니 그제야 알아듣더군요. 상하이 사람들은 권설음을 잘 쓰지 않으니 자음 [zh]와 [j]를 잘 구분하지 않고, 비음인 [-n]과 [-ng]을 구분하지 않습니다. 그러니 점원이 휴지를 알코올로 알아들은 건 저의 발음이 부정확했기 때문이 아니랍니다.

Episode
20

얼얼(儿儿)한 소리

你有空儿吗? 시간 있으세요?
Nǐ yǒu kòngr ma?

대학교 2학년 중국어 회화 시간에 "니여우쿵알마?"라고 읽었다가 웃음거리가 되었습니다.

今儿天儿真好儿。(今天天气真好。) 오늘 날씨 진짜 좋다.
Jīnr tiānr zhēn hǎor.(Jīntiān tiānqì zhēn hǎo.)

베이징 출신 친구가 말을 얼버무려서 전혀 못 알아들었습니다. 날씨가 추워서 혀가 얼얼해진 걸까요?

咱们一块儿出去玩儿玩儿吧。 우리 같이 나가서 놀자.
Zánmen yíkuàir chūqù wánr wanr ba.

대만 친구에게 이렇게 한 마디 하니까 한참을 얼빠진 표정으로 바라보는 거 있죠?

'儿'은 '儿子 érzi(아들)'처럼 단독으로 음절을 이루는 경우도 있지만 주로 명사 뒤에 'r'로 붙어 본래의 운모에 변화를 주는데, 이러한 현상을 '얼화(儿化)'라고 합니다.

'空儿'을 읽을 때는 앞의 운모와 이어서 '쿠얼'처럼 읽어야 하는데 끊어 읽어서 굴욕을 면치 못했습니다. 또한 얼화는 베이징 방언에서 흔히 사용되고, 대만에서는 사용되지 않는다는 특징이 있습니다.

Please More Information

▌ 儿化의 기능

① 작고 가볍고 사랑스러운 느낌을 나타냅니다.

- ☆ 小孩儿 xiǎoháir 어린 아이
- ☆ 小事儿 xiǎoshìr 사소한 일
- ☆ 小鸟儿 xiǎoniǎor 작은 새
- ☆ 冰棍儿 bīnggùnr 아이스바

② 단어의 의미를 구별합니다.

- ☆ 头 tóu 머리　　　　vs　　头儿 tóur 두목
- ☆ 眼 yǎn 눈　　　　　vs　　眼儿 yǎnr 구멍
- ☆ 门 mén 문　　　　　vs　　门儿 ménr 방법

③ 단어의 품사를 구별합니다.

- ☆ 画 huà 그리다(동사)　　vs　　画儿 huàr 그림(명사)
- ☆ 盖 gài 덮다(동사)　　　vs　　盖儿 gàir 뚜껑(명사)

Episode
21

멋부리다 얼어 죽겠네

추운 겨울날 짧은 치마 短裙 duǎnqún를 입고 나갔습니다.

중국 친구가 저를 보더니 아름다움에 감동했다고 하더군요.

예쁘다고 칭찬하는 줄 알고 좋아했는데 그건 저 혼자만의 착각 错觉 cuòjué이었습니다.

알고 보니 친구의 말은 '멋부리다 얼어죽겠다'라는 뜻이었습니다.

이런, 좋다 말았네.

'美丽动人 měilì dòng rén'은 '아름다움이 사람을 감동시킨다'는 뜻의 사자성어입니다. 여기서 '动 dòng(감동시키다)'은 '冻 dòng(얼다)'과 발음이 같으므로 글자의 뜻을 서로 바꾸어 '美丽冻人 měilì dòng rén', 즉 '멋부리다 얼어죽겠다'라는 새로운 뜻을 만들어 낸 것입니다.

Please More Information

해음 현상

발음이 같거나 비슷한 글자로 인해 하나를 이야기하면 다른 하나가 연상 케 되는 현상을 해음(谐音) 현상이라고 합니다. 해음은 중국인의 일상생활 속에서 길흉화복과 연결되어 독특한 문화를 이루고 있습니다.

한 가지 예로 중국 사람들은 새해가 되면 '복(福)'이라는 글자를 대문에 거 꾸로 붙여 놓습니다. '복이 뒤집히다(福倒 fú dào)'는 '복이 도착하다(福到 fú dào)'와 발음이 같아서, 복을 거꾸로 붙이는 것이 '복이 들어온다'는 의 미로도 해석되는 것입니다. 이걸 보고 글자를 붙인 사람이 칠칠치 못하다며 똑바로 붙여 놓으려 했던 사람이 있었습니다.

누구긴요, 바로 접니다.

Episode	내 이름 부르지 마
22	

미국에서 '텅웨이(Teng Wei)'라는 이름 名字 míngzi을 가진 친구를 만났는데, 그 친구가 이름을 바꾸고 싶다며 자기 이름을 부르지 말아달라고 애원하는 겁니다.

이분만이 아닙니다.

이탈리아에서 중국으로 유학 온 파비오(Fabio)는 상점에서 영수증을 받을 때마다 깜짝 놀라고, 중국어 수업을 듣는 미국인 학생 알렉산더(Alexander)는 출석을 부를 때마다 스트레스 压力 yālì를 받는다고 합니다.

이들에게 무슨 사연이라도 있는 걸까요?

텅웨이는 미국식으로 이름을 먼저 말하고 성을 나중에 붙이니 마치 '**胃疼** wèi téng(위가 아프다)'처럼 들려서 고통스러웠다고 합니다.

파비오는 '영수증(**发票** fāpiào)'을 받을 때 점원이 자신의 이름을 불러서 깜짝 놀란다고 합니다.

알렉산더는 중국식으로 표기하면 '**亚历山大** Yàlìshāndà'인데, 이는 '**压力山大** yālì shān dà(스트레스가 산처럼 쌓이다)'라는 의미를 연상시킵니다.

어떤 반에 刘佳宜(Liú Jiāyí)라는 남학생과 邓雨琪(Dèng Yǔqí)라는 여학생이 있었는데, 둘의 이름을 합치니 아래와 같은 수학 공식이 성립되었다고 합니다.

⭐ **六加一等于七** 육 더하기 일은 칠
　 Liù jiā yī děngyú qī

중국인 **帅克**(Shuài Kè)는 사람들에게 성을 말하면 얼굴만 쳐다봐서 부담스럽다는 말을 전했습니다. 그의 별명은 '**帅哥** shuàigē(잘생긴 오빠)'라고 합니다.

일본인 미가와 가즈오(**美川一夫**)를 중국식으로 읽으면 '옷을 안 입었다(**没穿衣服** méi chuān yīfu)', 우메가와 고쿠코(**梅川酷子**)는 '바지를 안 입었다(**没穿裤子** méi chuān kùzi)'라는 민망한 뜻이 됩니다.

미국에는 Sileren, Fansile와 같은 성을 가진 사람들이 있습니다. 병음으로 간주하고 읽으면 각각 '**死了人** sǐ le rén(사람이 죽었다)', '**烦死了** fán sǐ le(짜증나 죽겠네)'가 됩니다. 스파이더맨(Spider-Man)은 심지어 실패한 사람(**失败的人** shībài de rén)이라는 오명을 입었습니다.

<table>
<tr><td>Episode

23</td><td># 욕쟁이 교생 선생님</td></tr>
</table>

교생 실습 중에 공개 수업을 맡은 적이 있습니다.

타과 교생 선생님들을 비롯해서 담임 선생님 班主任 bānzhǔrèn, 교장 선생님 校长 xiàozhǎng까지 수업을 참관하러 오셨습니다.

학생들에게 질문을 하고 정답을 알면 일어서서 대답하라고 시켰습니다. 정답을 맞힌 학생에게는 선물 礼物 lǐwù을 증정 赠送 zèngsòng 했는데, 어떤 학생은 의욕만 앞서 빨리 일어나다가 넘어질 뻔하기도 했습니다.

참관을 마친 교장 선생님의 평가 한 마디.

중국어 교생이 욕을 잘한다고요?

학생들에게 거리낌 없이 욕설 脏话 zānghuà을 내뱉었다는데,

설마 그럴 리가요!

학생들에게 일어나서 대답하라고 '치라이! 起来! Qǐlái!'를 외쳤던 것인데, 이 말이 마치 비속어처럼 들렸던 모양입니다. 또 넘어질 뻔한 학생에게 괜찮냐고 '메이스바? 没事吧? Méi shì ba?'라고 한 것도 문제가 되었습니다.

비슷한 예로 한국사람 대부분이 중국어로 "니츠판러마?"를 처음 들으면 욕하는 줄 알고 놀라기도 합니다. 어감이 강해서 함부로 내뱉었다가는 저처럼 욕쟁이로 오해를 받을 수 있습니다.

얼핏 들으면 비속어

商人 shāngrén	[상런]	상인
香烟 xiāngyān	[샹옌]	담배
西班牙 Xībānyá	[시빤야]	스페인
洗吧。Xǐ ba.	[시바]	씻어라.
想念你。Xiǎngniàn nǐ.	[샹녠니]	그대가 그립다.
你吃饭了吗? Nǐ chīfàn le ma?	[니츠판러마]	밥 먹었니?
你用洗发露洗发了吗? Nǐ yòng xǐfàlù xǐ fà le ma?	[니융시파루시파러마]	샴푸로 머리 감았니?

Episode

24

고기가 타고 있잖아

조교로 일할 당시, 중국 교수님들과 함께 삼겹살 烤五花肉 kǎo wǔhuāròu집으로 회식 聚餐 jùcān을
하러 간 적이 있었습니다.

고기를 굽겠다고 자신만만하게 집게 夹子 jiāzi와 가위 剪刀 jiǎndāo를 집었는데 그것이 굴욕의 불씨가
되었습니다.

한참을 먹고 있는데 주변에서 이런 소리가 들렸습니다.

"hu le~ hu le~"

고기가 뜨거우니 후~후~ 불어먹으란 소린가? 미소까지 지으며 후~후~ 불어서 더 맛있게 먹었습니다.

그나저나 어디서 타는 냄새가 나는 것 같은데?

맞습니다. '糊了 hú le'는 바로 고기가 '탔다'는 뜻이었습니다. 고기가 타는 동안 사람들의 속도 새카맣게 타들어가고 있었겠죠?

Please More Information

얼핏 들으면 한국어

番茄酱 fānqiéjiàng	[반지의제왕]	토마토케첩
蛋糕 dàngāo	[단 것]	케이크
草莓 cǎoméi	[참외]	딸기
澳大利亚 Àodàlìyà	[아오다리야]	호주
比萨 bǐsà	[비싸]	피자
大哥 dàgē	[닭어]	형님
记者 jìzhě	[찢어]	기자
家长们 jiāzhǎngmen	[짜장면]	학부모들
结婚 jiéhūn	[재혼]	결혼하다
洗澡 xǐzǎo	[씻자]	목욕하다
懂了 dǒng le	[똥눠]	알겠어요
骑马 qí mǎ	[치마]	말을 타다
倒垃圾 dào lājī	[도라지]	쓰레기를 버리다
冻个半死 dòng ge bànsǐ	[똥꼬빤스]	얼어 죽겠다
噼里啪啦 pīlipālā	[피리팔아]	탁탁(폭죽소리)

셀프 체크

1 빈칸에 들어갈 알맞은 발음을 골라 보세요.

1 我最喜欢的动物是<u>熊猫</u>。 내가 제일 좋아하는 동물은 <u>판다</u>이다.

Wǒ zuì xǐhuan de dòngwù shì _____.

Ⓐ xióngmāo   Ⓑ xiōngmáo

2 这个菜真<u>腥</u>。 이 음식은 정말 <u>비리다</u>.

Zhè ge cài zhēn _____.

Ⓐ xīng   Ⓑ xíng

3 你的<u>眼镜</u>很好看。 <u>안경</u> 정말 멋지다.

Nǐ de _____ hěn hǎokàn.

Ⓐ yǎnjing   Ⓑ yǎnjìng

4 咱们经常<u>联系</u>吧。 우리 자주 <u>연락</u>하자.

Zánmen jīngcháng _____ ba.

Ⓐ liánxì   Ⓑ liànxí

5 周末一起去<u>游泳</u>，好吗? 주말에 같이 <u>수영</u>하러 갈래?

Zhōumò yìqǐ qù _____, hǎo ma?

Ⓐ yóuyǒng   Ⓑ yǒuyòng

6 你会说<u>汉语</u>吗? <u>중국어</u> 할 줄 알아?

Nǐ huì shuō _____ ma?

Ⓐ Hányǔ   Ⓑ Hànyǔ

7 看起来很**怪**。보기에 <u>이상하다</u>.

Kànqilai hěn _____.

Ⓐ guāi   Ⓑ guài

8 别**误会**，她不是我女朋友。 <u>오해</u>하지 마, 그녀는 내 여자 친구가 아니야.

Bié _____, tā bú shì wǒ nǚpéngyou.

Ⓐ wùhuì   Ⓑ wǔhuì

② 밑줄 친 한자의 알맞은 발음을 골라 보세요.

1 <u>请问</u>，火车站怎么走?

Ⓐ Qǐngwèn   Ⓑ Qǐng wěn

2 最近天气<u>凉快</u>多了。

Ⓐ liǎng kuài   Ⓑ liángkuài

3 你一般几点<u>睡觉</u>?

Ⓐ shuǐjiǎo   Ⓑ shuìjiào

4 上下<u>楼梯</u>请注意安全!

Ⓐ lóutī   Ⓑ luǒtǐ

3 질문에 알맞은 답을 골라 보세요.

1 얼음물이 먹고 싶을 때 말할 수 있는 것으로 적절하지 <u>않은</u> 것은?

Ⓐ 加冰吧。 Jiā bīng ba.

Ⓑ 有冰吗? Yǒu bīng ma?

Ⓒ 有冰水吗? Yǒu bīngshuǐ ma?

Ⓓ 有没有冰块儿? Yǒu méi yǒu bīngkuàir?

2 다음 중 중국어 표준 발음은?

Ⓐ 四十 sìsí   Ⓑ 牛奶 liúlǎi

Ⓒ 功夫 gōngfu   Ⓓ 纸巾 jiǔjīng

3 다음 중 외래어를 바르게 표기한 것은?

Ⓐ 기타 gítā   Ⓑ 쿠키 kūkí

Ⓒ 힐튼 Xī'ěrdùn   Ⓓ 라스베이거스 Lāsībéijiāsī

4 다음 중 한자와 뜻이 <u>잘못</u> 연결된 것은?

Ⓐ 鸟 새 – 鸟儿 작은 새   Ⓑ 画 그림 – 画儿 그리다

Ⓒ 门 문 – 门儿 방법   Ⓓ 头 머리 – 头儿 두목

4 중국어 잰말 놀이로 발음 연습을 해 보세요.

1단계	**妈妈骑马，马慢，妈妈骂马。** Māma qí mǎ, mǎ màn, māma mà mǎ. 엄마가 말을 타는데, 말이 느려서, 엄마가 말을 욕한다.
2단계	**四是四，十是十，十四是十四，四十是四十。** Sì shì sì, shí shì shí, shísì shì shísì, sìshí shì sìshí. 4는 4이고, 10은 10이고, 14는 14이고, 40은 40이다.
3단계	**这是蚕，那是蝉。** Zhè shì cán, nà shì chán. 이것은 누에이고, 저것은 매미이다. **蚕常在叶里藏，蝉常在林里唱。** Cán cháng zài yè li cáng, chán cháng zài lín li chàng. 누에는 늘 잎에 숨어 있고, 매미는 늘 숲에서 노래를 한다.

Chapter

2

기막힌 어휘편

일상생활에서 흔히 쓰이지만 한국어와 달라서 혼동했던 어휘 이야기가 펼쳐집니다. 중국어에서 다른 의미나 색채를 가지고 있는 한자어, 중국어에서 의미가 확장되거나 축소된 한자어, 음절 수가 축소된 단어, 음절의 순서가 뒤바뀐 단어, 다음자, 유의어, 비유어, 외래어, 신조어, 성어, 속담 등 머릿속에 일단 저장해 두면 실수를 피하는 지름길로 안내해 줄 것입니다.

내로남불

중국 친구에게 언니가 한 명 있는데 얼마 전에 의사 医生 yīshēng가 되었다고 합니다.

얼마나 축하할 일입니까!

그런데 언니 때문에 본인이 거만해졌다고 양심 고백 良心告白 liángxīn gàobái을 하네요.

我姐姐是医生。 우리 언니는 의사야.
Wǒ jiějie shì yīshēng.

사실 친구의 말은 언니로 인해 자부심을 느낀다는 의미였습니다. '骄傲 jiāo'ào'는 '거만하다'와 '자랑스럽다'라는 뜻을 모두 나타낼 수 있습니다. 단, 자신과 관련해서 말하면 '자랑스럽다'라는 뜻이 되지만 타인에 대해 말하면 '교만하다'라는 뜻이 됩니다. 이 단어 내로남불 격이 아닌가요?

★ 我为她而骄傲。　나는 그녀가 자랑스러워.
　Wǒ wèi tā ér jiāo'ào.

★ 你太骄傲了！　너 참 건방지구나!
　Nǐ tài jiāo'ào le!

'骄傲'는 명사로 쓰이면 '자랑', '자랑거리'가 됩니다.

★ 你是我的骄傲。　너는 나의 자랑이야.
　Nǐ shì wǒ de jiāo'ào.

★ 长城是中华民族的骄傲。　만리장성은 중화민족의 자랑거리이다.
　Chángchéng shì Zhōnghuá mínzú de jiāo'ào.

중국 친구가 거울을 비춰보며 '살 빠졌냐(瘦了吗?)'고 계속 묻길래 거짓말을 할 수 없어서 뚱뚱하다고 말해줬습니다. 알고 보니 입은 옷이 꼭 끼냐고 물어본건데 팩폭을 날렸습니다.

'瘦 shòu'는 주어가 사람일 때는 '마르다'는 뜻이지만, 주어가 의복이나 신발일 경우 '작다'는 뜻으로 쓰이기도 합니다.

애정의 조건

저희 아버지는 무뚝뚝하시고 애정 표현이 서투신 편입니다. 하지만 대학 시절, 제가 장학금 奖学金 jiǎngxuéjīn을 받았을 때 깜짝 선물 礼物 lǐwù로 최신식 디지털 카메라 数码相机 shùmǎ xiàngjī를 사 주셨습니다.

아버지의 선물에 감동받은 저는 중국어로 일기 日记 rìjì를 썼습니다.

第一次感受到了爸爸对我的爱情。 처음으로 아빠의 사랑을 느꼈다.
Dì yī cì gǎnshòudào le bàba duì wǒ de àiqíng.

중국어 선생님께서 제가 쓴 일기를 보시고 기겁을 하셨는데, 그 이유는 무엇일까요?

안 돼~~

중국어에서 '애정(**爱情** àiqíng)'은 조건이 하나 있습니다. 한국어에서는 사람뿐만 아니라 동물이나 물건까지도 애정할 수 있지만, 중국어의 '애정'은 연인 간의 사랑만 가능하다는 조건입니다.

아빠의 사랑은 '**爱** ài(사랑)' 혹은 '**亲情** qīnqíng(가족애)'으로 표현할 수 있습니다.

한 번은 중국에서 '비행기표가 긴장한다'는 말을 듣고 코웃음을 친 적이 있습니다. '긴장할 게 따로 있지'하고 말입니다. 중국어의 '긴장(**紧张** jǐnzhāng)'은 정신적으로 불안하거나 바쁜 상태 말고도 경제적 긴장 상태인 물자가 부족할 때도 쓰입니다.

⭐ **现在机票很紧张，根本买不到。** 지금 비행기표가 부족해서 도저히 구할 수 없다.
　Xiànzài jīpiào hěn jǐnzhāng, gēnběn mǎi bu dào.

나는 물건이 아니야

중국에 어학연수를 갔을 때 일입니다.

초급반에 편성되어 인도네시아 친구와 짝꿍 同桌 tóngzhuō이 되었습니다. 자기소개 自我介绍 zìwǒ jièshào를 하는데 중국어에 자신이 없어서 점점 기어들어가는 목소리로 말했습니다.

> 필자
>
> 你好！我叫李东恩。东西的东，恩惠的恩。
> Nǐ hǎo! Wǒ jiào Lǐ Dōng'ēn. Dōngxi de dōng, ēnhuì de ēn.
> 안녕! 나는 이동은이라고 해. 물건 할 때 동, 은혜 은.

> 不好意思。我没听清楚，你是什么东西？
> Bù hǎoyìsi. Wǒ méi tīng qīngchu, nǐ shì shénme dōngxi?
> 미안. 나 잘 못 들었어, 너는 무슨 물건이야?
>
> 짝꿍

> 필자
>
> 我不是东西，我是东恩。你叫什么名字？
> Wǒ bú shì dōngxi, wǒ shì Dōng'ēn. Nǐ jiào shénme míngzi?
> 난 물건이 아니야, 동은이야. 넌 이름이 뭐야?

우리의 대화를 엿들은 중국인 선생님은 그 자리에 주저앉아 폭소를 터뜨리셨습니다.

'东西 dōngxi'는 중국에서 물건이나 음식을 뜻하는 단어입니다. 하지만 사람을 가리켜 '东西'라고 지칭하면 욕설이 된다는 사실을 알고 계셨나요? 안타깝게도 초급 시절의 필자는 알지 못했습니다. '你是个什么东西？'는 '넌 뭐하는 놈이야?', '我不是东西。'는 '나는 사람도 아니야.'로 해석될 수 있습니다. 둘다 중국어에 서툰 외국인이어서 다행이지 중국인과 이런 대화를 나누었다면 심각한 상황이 벌어졌을지도 모릅니다. '东西'는 물건을 지칭할 때는 자유롭게 쓸 수 있지만 사람을 가리킬 때는 폄하하는 표현이 되므로 주의해야 합니다.

★ **A: 你去买点吃的东西。** 나가서 먹을 것 좀 사 와.
　　 Nǐ qù mǎi diǎn chī de dōngxi.

B: 你算什么东西，对我指手画脚！ 네가 뭔데 나한테 이래라 저래라야!
　　 Nǐ suàn shénme dōngxi, duì wǒ zhǐshǒu huàjiǎo!

중국인이 사람을 물건 취급해서 당황한 적이 있습니다. 무슨 품평회도 아니고 사람의 품질을 논하다니. 사실 중국어의 '品质 pǐnzhì'는 '상품의 품질(质量 zhìliàng)'뿐만 아니라 '인품(人品 rénpǐn)'도 나타낼 수 있습니다.

★ **A: 一个人的品质比能力更重要，你觉得呢？**
　　 Yí ge rén de pǐnzhì bǐ nénglì gèng zhòngyào, nǐ juéde ne?
　　 인품이 능력보다 중요하지, 네가 보기엔 어때?

B: 我同意，先做人，再做事。
　　 Wǒ tóngyì, xiān zuò rén, zài zuò shì.
　　 동의해, 먼저 사람이 된 후에 일이든 뭐든 해야지.

Episode	선배가 죽었다고?
28	

저의 권유로 같은 과 선배가 중국어 학원 补习班 bǔxíbān에 오게 되었고, 등록 첫날 선생님께 선배를 소개 介绍 jièshào했습니다.

老师，她是我学校的先辈。 선생님, 이 쪽은 저희 학교 선배예요.
Lǎoshī, tā shì wǒ xuéxiào de xiānbèi.

그런데 왜일까요? 선생님의 안타까운 저 표정 表情 biǎoqíng은?

알고 보니 중국어의 '선배'는 한국어의 '선배'와 달랐습니다. '**先辈** xiānbèi'는 '일찍이 돌아가신 조상님'을 뜻하는 단어였습니다. '대학교 선후배 관계'를 표현할 때는 '**学长** xuézhǎng(남자 선배), **学姐** xuéjiě(여자 선배), **学弟** xuédì(남자 후배), **学妹** xuémèi(여자 후배)'를 사용합니다.

한중 의미가 다른 한자

汽车 qìchē	자동차	기차 아님 주의!
新闻 xīnwén	뉴스	신문 아님 주의!
爱人 àirén	배우자	애인 아님 주의!
馒头 mántou	소가 없는 찐빵	만두 아님 주의!
点心 diǎnxin	간식	점심 아님 주의!
经理 jīnglǐ	사장	경리 아님 주의!
白手 báishǒu	맨손, 빈손	백수 아님 주의!
学院 xuéyuàn	단과 대학	학원 아님 주의!
告诉 gàosu	알리다	고소 아님 주의!
小心 xiǎoxīn	조심하다	소심 아님 주의!
放心 fàngxīn	안심하다	방심 아님 주의!
放学 fàngxué	하교하다	방학 아님 주의!
看病 kànbìng	진찰하다	간병 아님 주의!
质问 zhìwèn	추궁하다	질문 아님 주의!
约束 yuēshù	구속하다	약속 아님 주의!

Episode

29

철벽남의 진실

중국으로 어학연수를 다녀온 강 모 군의 사연입니다.

어느 날 평소 호감이 있었던 썸녀 暧昧女 àimèinǚ가 주말 周末 zhōumò에 시간 时间 shíjiān이 있냐고 묻더랍니다.

내심 기뻤지만 주말에 다른 약속이 있었던지라 약속 约会 yuēhuì이 있다고 말하며 어쩔 수 없이 거절 拒绝 jùjué했는데, 그 후로 그녀와 멀어지게 되었다고 합니다.

썸녀가 갑자기 차갑게 돌변한 이유는 무엇일까요?

'约会'는 약속은 약속인데 주로 '남녀간의 데이트 약속'을 지칭합니다. 아쉽게도 썸녀는 남자에게 애인이 있는 줄로 알고 바로 연락을 끊었던 것입니다. 이 단어를 사용하는 바람에 호감이 있는 여자에게 본의 아니게 철벽을 치게 되었습니다. '我有约。(약속이 있어요.)' 또는 '我有事。(일이 있어요.)'라고 했다면 썸녀와 잘됐을 수도 있었을 텐데……

⭐ **A: 今天穿得这么漂亮，有约会吗?**　오늘 예쁘게 입었네, 데이트 약속 있어?
　　Jīntiān chuān de zhème piàoliang, yǒu yuēhuì ma?

　B: 哪有约会啊！下午有面试。　데이트는 무슨! 오후에 면접 있어.
　　Nǎ yǒu yuēhuì a! Xiàwǔ yǒu miànshì.

'约'는 명사 '약속'과 동사 '약속하다'로 모두 사용 가능합니다.

⭐ **A: 明天有约吗?**　내일 약속 있어?
　　Míngtiān yǒu yuē ma?

　B: 晚上约了朋友一起去看电影。　저녁에 친구랑 영화 보러 가기로 약속했어.
　　Wǎnshang yuē le péngyou yìqǐ qù kàn diànyǐng.

흥분하지 말란 말이야

한중 언어 교환을 하게 된 중국 친구 우 모 씨.

노래방 练歌房 liàngēfáng에 가기로 한 날 하필 접촉사고 撞车事故 zhuàngchē shìgù가 났지 뭡니까. 경미한 사고였는데 상대에게 다짜고짜 언성을 높이는 중국 친구를 향해 흥분 兴奋 xīngfèn하지 말라고 했는데요.

친구가 듣더니 화가 머리 끝까지 났습니다. 지금 이게 흥분한 걸로 보이냐면서.

합의를 마치고 약속대로 노래방에 갔습니다. 노래방에서는 신나는 댄스곡 舞曲 wǔqǔ을 연이어 불렀습니다. 흥이 나서 춤도 추고 노래방 소파 沙发 shāfā에서 방방 뛰며 분위기 气氛 qìfēn를 띄웠습니다.

그제서야 기분이 풀린 친구는 저에게 한 마디 하더군요. 흥분은 이럴 때 쓰는 말이라고요.

이제 차이점을 아시겠죠?

한국어에서는 감정이 어느 쪽이든 격해질 때 흥분한다고 말하는데, 중국어는 조금 다릅니다. 기분이 좋을 때만 '흥분'이라는 단어를 쓸 수 있습니다. 화가 나거나 감정이 요동칠 때는 '激动 jīdòng'이라고 표현합니다. 그러니 접촉사고로 예민해져 있는 친구가 듣고 화가 날만 했죠.

시간을 되돌릴 수 있다면 이렇게 말해주고 싶습니다.

★ **不要激动，冷静一下，有话好好儿说。**
　 Bú yào jīdòng, lěngjìng yíxià, yǒu huà hǎohāor shuō.
　 흥분하지 말고 진정해. 좋게 얘기하자.

我好兴奋啊！
Wǒ hǎo xīngfèn a!
나 너무 신나!

Episode 31

요정 같던 너

저의 세 번째 중국인 룸메이트 室友 shìyǒu였던 샤오산은 작고 가녀린 체형에 동그랗고 큰 눈을 가진 귀여운 외모의 소유자였습니다.

어느 날 그 친구가 초록빛의 하늘하늘한 원피스 连衣裙 liányīqún를 입고 외출 준비를 하고 있었는데, 팅커벨 요정이 떠올랐습니다. 룸메이트에게 요정같다고 칭찬을 했는데, 가뜩이나 큰 눈이 더 커지면서 정색을 하는 것이 아니겠어요?

아니 '요정'이 뭐가 어때서?

한중 한자어 중에 의미 색채가 다른 한자를 사용할 때는 주의를 기울여야 합니다. 중국어로 '妖精 yāojing(요정)'은 요사스러운 느낌의 요괴나 요부에 가깝습니다. 서양 전설이나 동화에 많이 나오는 귀여운 엘프 느낌은 '精灵 jīnglíng(정령)'이라고 해야 뜻을 제대로 전달할 수 있습니다.

한국인 직원이 중국인 사장님께 열심히 의견을 내다가 불만이 많은 사람으로 낙인찍혔다고 합니다.

중국어의 '意见 yìjiàn'은 단순한 '의견'을 넘어 '이의나 불만'을 나타내기도 합니다. '看法 kànfǎ'도 본래는 사물에 대해 가지는 '인식이나 견해'를 뜻하는데, 상황에 따라 '부정적 시각'을 나타내기도 합니다.

★ 我对老板有意见。 나는 사장님한테 불만이 있다.
　Wǒ duì lǎobǎn yǒu yìjiàn.

★ 他对老板一直有看法。 그는 사장님한테 줄곧 감정이 있다.
　Tā duì lǎobǎn yìzhí yǒu kànfǎ.

집착해도 괜찮아?

대학원 친구 샤오위가 깜짝 결혼 結婚 jiéhūn 발표를 하여 학우들과 함께 그녀의 결혼을 축하 祝贺 zhùhè해 주었습니다.

문득 만난 지 일 년도 안 된 남자 친구와 결혼을 결심 决心 juéxīn하게 된 이유가 궁금해졌습니다. 질문을 하자 그녀는 기다렸다는 듯이 누가봐도 사랑에 빠진 표정으로 예비 신랑 자랑을 늘어놓기 시작했습니다.

잘생기고, 똑똑하고, 선량 善良 shànliáng하고, 자상 体贴 tǐtiē하고, 능력 能力 nénglì 있고, 집착 执 着 zhízhuó하고……

저는 속으로 이렇게 생각했습니다.

'그래 다 좋다 치자. 근데 집착남은 좀 아니지 않나?'

'집착'은 어떤 일에 마음이 쏠려 매달리는 상태로 한국어에서는 부정적 의미로 사용됩니다. 그러나 중국어 '执着 zhízhuó'는 불굴의 의지로 어떤 일을 끈질기게 해내고야 마는 '집념'을 뜻해서 긍정적 의미로 사용할 수 있습니다. 이와 반대로 한국어에서 긍정적 의미로 쓰이는 '집념'은 중국어에서 오히려 '집착'의 의미를 가지고 있습니다.

헷갈리면 하나만 기억하세요. 중국에서는 집착해도 괜찮습니다.

★ **A: 我喜欢你对工作的执着、认真负责的态度。**
Wǒ xǐhuan nǐ duì gōngzuò de zhízhuó、rènzhēn fùzé de tàidù.
일을 대하는 당신의 집념과 책임감 있는 태도가 마음에 드네요.

B: 谢谢老板，以后会继续努力的。
Xièxie lǎobǎn, yǐhòu huì jìxù nǔlì de.
사장님 감사합니다. 앞으로도 열심히 하겠습니다.

★ **A: 忘不了前女友，对她执念太深，我该怎么办?**
Wàng bu liǎo qián nǚyǒu, duì tā zhíniàn tài shēn, wǒ gāi zěnme bàn?
전 여자 친구를 못 잊겠어. 그녀한테 집착이 심한데 어쩌지?

B: 放下执念，时间会解决一切的。
Fàngxià zhíniàn, shíjiān huì jiějué yíqiè de.
집착을 내려놔. 시간이 해결해 줄 거야.

Episode	그래도 꽃은 꽃
33	

저에게는 특별한 취미 愛好 àihào가 하나 있습니다.

바로 공 세 개를 자유롭게 던지고 받고 하는 저글링 杂耍 záshuǎ입니다.

처음 저글링을 시작할 무렵, 중국인 룸메이트가 매일 연습을 하고 있는 저를 보더니 '치파'라는 별명 外号 wàihào을 지어주었습니다. 뭐냐고 물어보니 꽃 花 huā의 한 종류라네요.

나를 아름다운 꽃에 비유해 주다니 고맙다, 친구야!

그런데 아직 좋아하긴 이르다고?

팩트체크

'一朵奇葩 yì duǒ qípā'는 사전적 의미로는 '한 송이의 진귀하고 아름다운 꽃'이 맞습니다. 본래 우수한 작품이나 뛰어난 사람을 비유했지만, 최근에는 '이해하기 힘든 상당히 특이한 사람'을 지칭하게 되었다고 합니다. 한 마디로 '괴짜', '종특'이라는 인터넷 신조어입니다.

★ **A: 我女友真奇葩。** 내 여자 친구 굉장히 특이해.
　　Wǒ nǚyǒu zhēn qípā.

　B: 你也是个奇葩，你们俩很般配！ 너도 괴짜잖아. 너희 잘 어울려!
　　Nǐ yě shì ge qípā, nǐmen liǎ hěn bānpèi!

에피소드+

미국에서 어떤 남학생이 다른 남학생을 가리켜 자신의 '동지'라고 소개했습니다. 창업 동료 사이였는데, 저는 그들을 연인 관계로 오해하고 말았습니다.

'同志 tóngzhì'는 '본래 마음과 뜻이 서로 맞다'는 뜻인 '志同道合 zhìtóng dàohé'에서 유래했습니다. 개혁 개방 이전에 남녀노소를 불문하고 사용되던 일반적인 호칭이었는데, 최근에 '동성애자'라는 새로운 의미가 생겼습니다.

Episode 34	무리한 부탁

중국 식당에서 칭화대 유학생 김 모 양이 겪은 일입니다.

마침 화장실 洗手间 xǐshǒujiān에 휴지가 떨어져서 남자 종업원 服务员 fúwùyuán에게 휴지를 달라고 부탁했는데, 갑자기 멈칫하더랍니다.

휴지를 가져다 주기는커녕 다른 직원들과 속닥거리는데 분위기 气氛 qìfēn가 심상치 않았다고 합니다.

어머나! 다시 부탁하면서 알게 되었는데, '휴지'를 '생리대'라고 말했다지 뭡니까!

중국어로 화장실용 휴지를 '卫生纸 wèishēngzhǐ'라 하고, 생리대를 '卫生巾 wèishēngjīn'이라고 하는데, 외국인의 입장에서 혼동하기 쉽습니다.

추가적으로 일반 티슈는 '纸巾 zhǐjīn'이라고 합니다.

필자는 중국에서 택시를 탔는데 '零钱 língqián(잔돈)'과 '零花钱 línghuāqián(용돈)'이 헷갈려서 택시비를 내면서 이렇게 말했습니다.

⭐ **零花钱不用了。** 용돈은 됐습니다.
　Línghuāqián bú yòng le.

기사님의 황당한 표정이 상상 되시나요? 원래는 이렇게 말했어야 했는데 말이죠.

⭐ **零钱不用找了。** 잔돈은 거슬러 줄 필요 없습니다.
　Língqián bú yòng zhǎo le.

<table>
<tr>
<td>

Episode

35

</td>
<td>

진정한 릴랙스

</td>
</tr>
</table>

한국에서 알게 된 세 명의 중국 친구들. 곧 미국으로 떠나는 저에게 환송회 欢送会 huānsònghuì를 열어주기 위해 한 시간 반 동안 지하철 地铁 dìtiě을 타고 집 앞까지 와 주었습니다.

먼 길을 와 준 친구들에게 감동 感动 gǎndòng하여 오는 길이 많이 고단했을 테니 잠시 쉬라는 의미로 제 방 房间 fángjiān으로 데리고 와서 한 마디 했습니다.

随便坐坐方便一下。 아무데나 앉아서 용변을 보렴.
Suíbiàn zuòzuo fāngbiàn yíxià.

'**方便** fāngbiàn'과 '**放松** fàngsōng' 두 단어가 헷갈려서 바꿔 말해 손님들을 대소변도 못 가리는 교양 없는 사람들로 만들어버렸습니다.

'**方便**'은 '편리하다'는 의미로 주로 형용사로 쓰입니다. '편리한 면'은 컵라면(**方便面** fāngbiànmiàn)입니다. 또한 '지금 통화 괜찮으세요?(**现在通话方便吗?** Xiànzài tōnghuà fāngbiàn ma?)'처럼 어떤 일을 하기에 시기가 알맞은지도 물어볼 수 있습니다.

하지만 하필 동사로 '용변을 보다'라는 뜻이 있을 줄이야. 제가 하고자 했던 말은 '편안하게 릴랙스한다'는 뜻을 가진 동사 '**放松**'이었습니다. 기분도 풀고 긴장도 풀 수 있는데, 저처럼 중국어 공부를 느슨하게 하시면 안 됩니다.

★ **A: 我现在去你家，方便吗？**
　　Wǒ xiànzài qù nǐ jiā, fāngbiàn ma?
　　지금 너희 집에 가도 괜찮아?

　 B: 我随时都方便，放松点，就当自己家里一样。
　　Wǒ suíshí dōu fāngbiàn, fàngsōng diǎn, jiù dàng zìjǐ jiā li yíyàng.
　　언제든지 괜찮아. 네 집처럼 편하게 해.

설사약 사건

중국으로 어학연수를 간 지 얼마 안 되어 한국인 모임에 참석하게 되었습니다.

장소는 학교 앞 동문 먹자골목 小吃街 xiǎochījiē. 그곳은 양꼬치 羊肉串 yángròuchuàn, 해산물 海鲜 hǎixiān, 번데기 蚕蛹 cányǒng, 옥수수 玉米 yùmǐ 등 먹거리들로 가득했습니다.

양꼬치를 정신없이 먹다 보니 쇠꼬챙이가 수북이 쌓여 있었습니다.

행복도 잠시. 배에서 반응이 오기 시작했고, 결국 화장실에 들락날락하느라 혼쭐이 났습니다. 설상가상으로 친구가 얻어 온 약 药 yào을 복용하고 상태는 더욱 악화되었습니다.

잠깐! 설사약은 '拉肚子药 lā dùzi yào'가 아니던가요?

감기를 낫게 하는 약은 **感冒药** gǎnmào yào(감기약), 소화를 도와주는 약은 **消化药** xiāohuà yào(소화제), 변비를 고치는 약은 **便秘药** biànmì yào(변비약)이지만, 설사를 멎게 하는 약은 설사약이 아니라 **止泻药** zhǐxiè yào(지사제)였습니다. 안타깝게도 제가 복용했던 **拉肚子药** lā dùzi yào는 지사제가 아니라 설사를 유발하는 약이었습니다. 어쩐지……

유학생 안 모 양은 마트에 세수 비누를 사러 갔다가 황당한 일을 겪었다고 합니다.

사전에 '비누'라고 쓰여있길래 '**肥皂** féizào'를 달라고 해서 몇 달간 사용했는데 글쎄 '세탁용 빨래 비누'였다고 합니다. '세안용 비누'는 '**香皂** xiāngzào'라고 잘 보고 구매하라고 저에게 신신당부하더군요.

남자야, 여자야?

중국에서 어학연수를 할 때 겪었던 일입니다.

초급반 初級班 chūjíbān 수업 첫날, 담임 선생님 班主任 bānzhǔrèn이 출석부를 보시더니 제 이름 名字 míngzi을 부르며 질문을 하시는 겁니다.

你是男生吗? 남학생인가요?
Nǐ shì nánshēng ma?

우리 반에는 남학생이 없는데, 제 이름이 남학생 이름처럼 보여서 확인을 하셨던 겁니다. 제대로 못 알아들었지만 이름이 들리길래 어영부영 대답을 해버렸습니다.

是的。 네, 그렇습니다.
Shì de.

그러자 모두들 놀란 듯이 저를 쳐다보더군요. 저와 눈이 마주친 선생님의 한 마디.

原来是女生啊! 알고 보니 여학생이었군요!
Yuánlái shì nǚshēng a!

모르면 모른다고 할 걸. '男生 nánshēng(남학생)'을 못 알아듣고 알아들은 척하다가 제 성별이 뒤바뀔 뻔했습니다. 덤으로 저의 얕은 중국어 실력까지 몽땅 드러났죠. 당시에 제가 아는 중국어로 '남학생'과 '여학생'은 '男学生'과 '女学生'이었는데, 2음절로 줄여서 '男生 nánshēng', '女生 nǚshēng'으로 말한다는 것을 이 때 처음 배웠습니다.

Please More Information

중국 가서 다이어트 성공한 단어

가로등	路灯 lùdēng	간호사	护士 hùshi
고사장	考场 kǎochǎng	과수원	果园 guǒyuán
기숙사	宿舍 sùshè	모국어	母语 mǔyǔ
배우자	配偶 pèi'ǒu	보고서	报告 bàogào
비행기	飞机 fēijī	상대방	对方 duìfāng
생산량	产量 chǎnliàng	소아과	儿科 érkē
신입생	新生 xīnshēng	외국어	外语 wàiyǔ
우체국	邮局 yóujú	음식물	食物 shíwù
인내심	耐心 nàixīn	자서전	自传 zìzhuàn
잠재력	潜力 qiánlì	전문가	专家 zhuānjiā
조미료	调料 tiáoliào	증정품	赠品 zèngpǐn
지하철	地铁 dìtiě	혈액형	血型 xuèxíng

악기를 때려 부셔

중국 친구를 교회로 초청하던 날, 예배당에 아름다운 찬양이 흘러나오고 있었습니다.

친구가 악기 乐器 yuèqì를 연주 演奏 yǎnzòu할 줄 아냐고 묻더군요.

악기 이름을 중국어로 알고 있었기 때문에 자신 있게 대답했는데, 문제는 동사였습니다.

동사 '打 dǎ(때리다)'를 쓰는 바람에 죄 없는 악기들을 때려 부순다는 의미가 되어버렸습니다.

"피아노 钢琴 gāngqín와 바이올린 小提琴 xiǎotíqín을 때릴 줄 알아."

'打 dǎ'는 '(손이나 기구로) 때리다', '(구기운동을) 하다', '(전화를) 걸다' 등 손을 사용하는 동작에 쓰입니다. 저는 중국어로 '테니스를 치다(打网球 dǎ wǎngqiú)'라고 할 때 '打'를 사용하므로, 피아노를 칠 때도 똑같이 적용되는 줄 알았습니다. 그러나 피아노를 연주할 때는 동사 '弹 tán', 바이올린을 켤 때는 '拉 lā'를 사용해야 합니다.

PMI   Please More Information

악기 연주하는 법

弹 tán 치다 타다	钢琴 gāngqín	피아노
	吉他 jítā	기타
	古筝 gǔzhēng	고쟁

打 dǎ 치다	大鼓 dàgǔ	북
	手鼓 shǒugǔ	탬버린
	架子鼓 jiàzigǔ	드럼

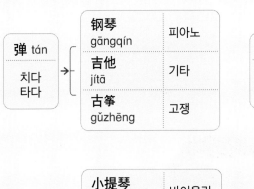

拉 lā 켜다	小提琴 xiǎotíqín	바이올린
	中提琴 zhōngtíqín	비올라
	大提琴 dàtíqín	첼로
	二胡 èrhú	얼후

吹 chuī 불다	口琴 kǒuqín	하모니카
	长笛 chángdí	플루트
	萨克斯风 sàkèsīfēng	색소폰
	小号 xiǎohào	트럼펫

Episode 39 | 내 친구 마윈

수업 시간에 세계에서 가장 돈을 많이 버는 사람에 대해 이야기를 나누고 있었습니다.

"여러분, 중국 최고의 부호 富豪 fùháo가 누군지 알아요? 바로 알리바바그룹의 창업자인 마윈입니다."

이때 한 학생이 이렇게 외쳤습니다.

我认识他! 저 그 사람 알아요!
Wǒ rènshi tā!

저는 박수를 치며 감탄했습니다.

"와~ 인맥이 대단하네요! 마윈과 아는 사이라니!"

你认识我吗?
Nǐ rènshi wǒ ma?
저를 아세요?

이 학생은 마윈과 어떻게 '아는' 사이일까요? '知道 zhīdào'와 '认识 rènshi'는 모두 사람, 장소, 물건, 글자 등을 '알다'라는 뜻을 가졌지만 깊이에 차이가 있습니다.

'知道'는 사람이나 사물에 대해 가장 기본적인 정보만을 가지고 있음을 나타냅니다. 반면에 '认识'는 사물을 식별해 낼 정도로 깊게 이해하고 있음을 나타내며, 사람에게 쓰이면 서로 인사를 나눈 사이를 말합니다.

학생은 마윈과 실제 친분이 있는 관계가 아니므로 '知道'를 써야 하겠죠?

★ 我知道马云。　저는 마윈을 알아요.(마윈에 대해서 알아요.)
　 Wǒ zhīdào Mǎ Yún.

★ A: 这是新来的同事，小李。互相认识一下吧。
　　 Zhè shì xīn lái de tóngshì, Xiǎo Lǐ. Hùxiāng rènshi yíxià ba.
　　 새로 온 동료 샤오리인데 서로 인사 나누세요.

　 B: 认识你很高兴，以后请多关照！
　　 Rènshi nǐ hěn gāoxìng, yǐhòu qǐng duō guānzhào!
　　 만나 뵙게 되어 반갑습니다. 앞으로 잘 부탁드립니다!

꾸이린에서 생긴 일

친구들과 꾸이린 桂林 Guìlín으로 여행 갔을 때 일입니다.

중국 사람들이 '桂林山水甲天下 Guìlín shānshuǐ jiǎ tiānxià(꾸이린 풍광이 천하제일이다)'라는 말을 하는데, 실제로 가 보니 과연 명불허전 名不虚传 míngbù xūchuán이었습니다.

거리에서 캐리커처 肖像漫画 xiàoxiàng mànhuà를 그려주는 화가 画家 huàjiā 아저씨가 있어서 주문을 했습니다.

흰 티셔츠 위에 검은 붓으로 제 모습을 스케치한 뒤 물감으로 색을 입히니 자화상 티셔츠가 완성되었습니다. 오른쪽에는 제 이름과 함께 '靓女'라고 써 주셨는데, 난생처음 보는 한자였습니다.

叔叔，这个字怎么读？ jiàn? 아저씨, 이 한자 어떻게 읽어요? 젠?
Shūshu, zhè ge zì zěnme dú? jiàn?

'靓女 liàngnǚ'는 광둥 방언으로 '미녀', '靓仔 liàngzǎi'는 '미남'이라는 뜻으로 젊은 남녀 혹은 식당에서 종업원을 호칭할 때 사용합니다. 뒤늦게 알게 된 사실인데 화가 아저씨의 영업 비결은 바로 모든 손님의 이름 옆에 '미남', '미녀'라고 써 주시는 것이었습니다.

한자 중에서 부수는 의미를 나타내고 그에 붙은 한자가 소리를 나타내는 글자를 '형성자'라고 합니다. 예컨대 맑은 물(氵)의 의미에 소리 청(青)이 결합한 한자가 '清(맑을 청)'입니다. 형성자가 차지하는 비중은 전체 한자의 80% 이상이라고 합니다. 한자 '靓'을 처음 접했을 때 '青'이 뜻이고 '见 jiàn'이 소리를 나타내는 줄로 착각하여 'jiàn'이라고 잘못 읽었는데, 이렇게 발음하면 특정 단어와 결합할 경우 심한 욕설이 될 수 있기 때문에 주의해야 합니다.

 에피소드+

회사원 배 모 씨는 중국 바이어에게 명함을 받았는데, 성씨 한자 '冯 Féng'을 잘못 읽어서 풍 사장을 마 사장이라고 불렀다고 합니다.

马 mǎ, 妈 mā, 吗 ma, 码 mǎ ······

이러니 헷갈릴 수 밖에요. 모르면 차라리 가만히 있었으면 좋았을 텐데.

라스베이거스에서 생긴 일

라스베이거스 拉斯维加斯 Lāsīwéijiāsī에 갔을 때 가장 기억에 남는 것을 꼽자면 MGM 그랜드 호텔의 상징인 늠름한 사자상입니다.

지나가는 중국인에게 사자상과 사진을 찍어달라고 부탁했습니다.

사자처럼 양손을 뻗고 입을 크게 벌려 포효하는 포즈를 취했는데, 그러면 행운 幸运 xìngyùn이 달아난다고 충고 忠告 zhōnggào하더군요.

그리고 보니 사자상도 입을 굳게 다물고 있었습니다.

소문에 의하면 사자 입을 닫게 만든 장본인이 바로 중국인이라고 합니다. 어찌 된 일일까요?

사자가 입을 다물게 된 자초지종은 이렇습니다. 1993년에 오픈한 이 호텔의 카지노 입구는 초대형 금사자의 입으로 입장하도록 만들어졌는데, 중국인 관광객들이 이를 몹시 꺼려했다고 합니다. 왜냐고요? 중국인들은 터무니없이 높은 가격을 요구하는 행위를 '사자가 입을 크게 벌리는 것 狮子大开口 shīzi dà kāi kǒu'에 비유하기 때문입니다. 결국 기존의 문은 5년 만에 철거되고 대신 입을 굳게 다문 사자상이 세워졌습니다.

★ **A:** 这么小的玩意儿居然开价30万元。
   Zhème xiǎo de wányìr jūrán kāijià sānshí wàn yuán.
   이렇게 작은 장난감 가격이 30만 위안(약 5천만 원)이래.

B: 真是狮子大开口！
   Zhēnshì shīzi dà kāi kǒu!
   정말 부르는 게 값이네!

소와 곰

중국인이 여러분에게 '소'라고 하면 칭찬이고, '곰'이라 하면 핀잔입니다. '소'는 형용사로 '최고다, 대단하다'라는 뜻이 있는데, 곰은 '변변찮고 나약한 사람'에 비유된다는 사실을 기억하세요!

★ 你真牛！너 정말 대단하구나!
   Nǐ zhēn niú!

★ 别装熊！비겁하게 굴지 마!
   Bié zhuāng xióng.

은밀한 뒷거래

중국 친구가 기숙사에 놀러 오던 날, 저는 주방 厨房 chúfáng에서 음식을 준비하고 있었습니다.

기숙사는 문이 두 개인데, 마침 뒷문 后门 hòumén이 주방과 가까웠죠.

외부인은 열쇠 钥匙 yàoshi가 없으면 들어오지 못하기 때문에 친구에게 이렇게 말해주었습니다.

"널 위해 준비한 것이 있는데, 뒷문으로 와야 해. 내가 뒷문 열어줄게."

친구는 제 말을 듣자마자 폭소를 터뜨리더군요. 그렇게 나쁜 사람인 줄은 몰랐다면서.

'**走后门** zǒu hòumén(뒷문으로 들어가다)'는 '뒷거래를 하다', '연줄을 대다', '**开后门** kāi hòumén(뒷문을 열어주다)'은 '뇌물을 받다', '관계를 이용하여 편의를 봐주다'라는 뜻이 있습니다. 옛 관원들이 공무상 손님은 앞문으로 들어오게 하고, 지인들은 뒷문으로 들어오게 했다는 데서 폄하의 뜻이 생겼다고 합니다. 중국어의 비유를 몰랐던 저는 한 순간에 아주 음흉한 사람이 되어버렸습니다.

⭐ **A: 听说新来的金部长是走后门进公司的。**
　　Tīngshuō xīn lái de Jīn bùzhǎng shì zǒu hòumén jìn gōngsī de.
　　듣자 하니 새로 오신 김 부장님 낙하산이래.

　B: 不知道吗? 他是老板的儿子。
　　Bù zhīdào ma? Tā shì lǎobǎn de érzi.
　　몰랐어? 그 분 사장님 아들이잖아.

회사원 김 군은 중국 동료가 밤차를 운전한다는 얘기를 듣고 투잡으로 야간 대리운전을 하는 줄로 오해했다고 합니다.

'**开夜车** kāi yèchē'는 '**熬夜** áoyè'와 같은 의미로 '밤을 새운다'는 뜻이 있는데, 보통 노는 경우에는 사용하지 않고, 밤샘 공부를 하거나 야근할 때 사용합니다.

⭐ **他经常开夜车。**　그는 자주 밤을 샌다.
　　Tā jīngcháng kāi yèchē.

<table>
<tr>
<td>

Episode

43

</td>
<td>

질투의 화신

</td>
</tr>
</table>

마시면 예뻐진다는 과일 식초 水果醋 shuǐguǒ cù가 한창 유행할 때였습니다.

당시 식초를 즐겨 마셨는데 물에 타 먹으면 새콤달콤하니 맛도 좋고 기분도 좋아졌습니다.

중국 친구가 뭘 그렇게 맛있게 먹냐고 하길래, "식초를 먹고 있어. 요즘 한국 여자들은 식초를 먹는 게 유행 流行 liúxíng이거든."하면서 친구에게도 권했는데, 글쎄 배꼽이 빠지도록 웃더군요.

吃醋了吗?
Chīcù le ma?
질투하니?

我酸了!
Wǒ suān le!
질투 나!

아차! 중국어에서 '식초를 먹는 것'은 '질투'와 연관이 있다는 것을 깜박했습니다. '吃醋 chīcù'는 남녀 사이에서 '질투하다'라는 뜻이 있기 때문에 제가 한 말이 중국인의 귀에는 우스꽝스럽게 들렸을 것입니다. 요즘 한국 여자들은 질투하는 게 유행이라고 말입니다. '喝醋 hē cù(식초를 마시다)'라고 말했다면 오해할 일이 없었을 텐데, 생각이 짧았네요.

'吃醋'의 유래

당 태종은 큰 공을 세운 재상이었던 방현령(房玄齡)에 대한 보답으로 첩을 하사했는데, 방현령은 평소 질투가 많던 부인이 두려워 거절했습니다. 이에 당 태종이 직접 부인을 설득해보려고 두 가지 선택권을 주었습니다. 하나는 첩을 받아들이는 것이고, 하나는 황명을 어긴 벌로 사약을 마시고 죽음을 택하는 것이었습니다. 부인은 한 치의 망설임 없이 사약을 들이켰는데 그것은 사약이 아닌 식초였다는 후문이 전해졌습니다. 이 사건으로 인해 '吃醋'가 '질투하다'의 뜻을 가지게 된 것입니다.

부인은 식초 때문에 속이 쓰렸을까요? 질투심에 마음이 쓰렸을까요?

Episode 22

난폭한 채식주의자

중국 친구들과 기숙사에 모여 피자 比萨 bǐsà를 주문했는데 저희가 조금 시끄러웠나 봅니다.

옆방에 사는 미국 친구가 나오더니 버럭 화를 내더군요.

그 친구의 이름은 리사. 기숙사의 군기반장으로 통합니다.

드디어 피자가 배달되었고 미안한 마음에 리사에게 한 조각을 주려고 그녀의 방으로 찾아갔는데요.

뜻밖에도 리사는 채식주의자 素食主义者 sùshízhǔyìzhě여서 햄이 들어간 피자를 먹지 않는다고 했습니다.

하지만 친구들은 리사가 절대 채식주의자가 아니라고 합니다.

과연 누구의 말이 진실일까요?

중국어로 '상대하기 쉽고 만만한 사람'을 '吃素的人 chīsù de rén(채식하는 사람)'에 비유합니다. 채식주의자가 육식을 하는 사람에 비해 성격이 온순하다고 생각해서 생긴 비유입니다. 반대로 '可不是吃素的 kě bú shì chīsù de(채식하지 않는다)'는 '호락호락하지 않다'라는 뜻으로 쓰입니다. 하지만 리사는 난폭한 채식주의자여서 고정 관념을 깨는 반전이 있었습니다.

★ **A: 她是吃素的，可不是吃素的。**
　 Tā shì chīsù de, kě bú shì chīsù de.
　 그녀는 채식주의자이지만, 만만한 상대는 아니야.

B: 谁说不是呢！
　 Shéi shuō bú shì ne!
　 누가 아니래!

Episode 45

밥그릇 도둑

기숙사에서 일어났던 일입니다.

어느 날부턴가 기숙사에 밥그릇 饭碗 fànwǎn이 하나둘씩 없어지기 시작했습니다.

분명 냉장고 위에 두었는데 밥그릇과 그릇 안에 있던 밥이 감쪽같이 사라졌습니다.

밥하기 귀찮아서 남의 밥을 훔쳐먹는 인간들의 소행이었죠.

옆방 중국 친구에게 밥그릇을 잃어버렸다고 이야기했더니, 친구는 저를 위로하면서 더 좋은 일자리 工作 gōngzuò를 찾을 수 있을 거라네요.

어, 이게 아닌데.

중국어에서도 밥그릇은 밥벌이를 위한 '일자리'를 뜻합니다. 그러나 대륙의 밥그릇은 차원이 다릅니다. 본래 '평생 직업'을 뜻하는 '铁饭碗 tiěfànwǎn(철밥통)'을 모방하여 '金饭碗 jīnfànwǎn(금밥통)', '银饭碗 yínfànwǎn(은밥통)'은 물론이고, 상대적 개념으로 '불안정한 직업'을 뜻하는 '瓷饭碗 cífànwǎn(도자기밥통)', '玻璃饭碗 bōlífànwǎn(유리밥통)', '泥饭碗 nífànwǎn(흙밥통)', '纸饭碗 zhǐfànwǎn(종이밥통)'까지 다양하게 구비되어 있습니다.

★ **A: 我被公司炒鱿鱼了。**
　Wǒ bèi gōngsī chǎo yóuyú le.
　나 회사에서 잘렸어.

B: 我也丢了饭碗，咱们以后日子怎么过啊?
　Wǒ yě diū le fànwǎn, zánmen yǐhòu rìzi zěnme guò a?
　나도 밥줄 끊겼어. 우리 앞으로 어떻게 사냐?

알아두면 좋은 표현 🔍

- 炒鱿鱼　해고하다
  chǎo yóuyú
- 丢饭碗　밥그릇을 잃다, 실직하다
  diū fànwǎn

- 砸饭碗　밥그릇을 깨다, 밥벌이를 잃다
  zá fànwǎn
- 抢饭碗　남의 직장이나 직업을 빼앗다
  qiǎng fànwǎn

두부의 맛

중국 친구와 점심식사 중이었습니다.

친구가 제가 주문한 순두부찌개를 잘 먹길래, 친구 앞으로 갖다 놓으면서 말했습니다.

"내 두부 豆腐 dòufu 맛있지? 맛있으면 많이 먹어."

친구는 말이 끝나자마자 고개를 뒤로 젖히고 목젖이 보이도록 웃더군요.

방금 한 말은 성희롱 性骚扰 xìngsāorǎo을 해달라는 말이라나 뭐라나.

쳇, 마음껏 웃어라! 오늘도 하나 배운 것으로 만족하련다.

喜欢就多吃点！
Xǐhuan jiù duō chī diǎn!
맛있으면 많이 먹어!

'두부를 먹다(**吃豆腐** chī dòufu)'에는 '성희롱을 하다'라는 비유가 숨어 있습니다. 1930년대부터 유행된 말로 그럴듯한 유래가 전해집니다. 한 부부가 두부 가게를 운영했는데, 아내의 피부가 유달리 두부처럼 하얗고 부드러웠다고 합니다. 많은 남성들이 이 여인을 보기 위해 두부를 먹는다는 핑계로 가게로 모여들면서 '두부를 먹는다'는 말에 부녀자를 희롱한다는 비유가 생겼다고 합니다.

두부와 관련된 비유

옛날 상갓집에는 두부가 빠지지 않았기 때문에 문상 가는 것을 '두부밥을 먹으러 간다'고 돌려 말하기도 합니다. 또한 말은 날카롭게 해도 마음은 여린 사람을 '**刀子嘴, 豆腐心** dāozi zuǐ, dòufu xīn(입은 칼인데 마음은 두부다)'에 빗대어 말하기도 합니다. 두부찌꺼기는 질이 매우 떨어지는 사람이나 사물에 비유되기도 하는데, 자재를 규정보다 적게 들인 부실공사를 '**豆腐渣 工程** dòufuzhā gōngchéng'이라고 합니다.

이 밖에도 '**冻豆腐——难拌** dòng dòufu—nán bàn(언두부는 버무리기 힘들다)'이라는 말이 있는데, '**拌** bàn(버무리다)'과 '**办** bàn(처리하다)'이 서로 해음이라서 '**冻豆腐** dòng dòufu(언두부)'는 처리하기 힘든 일이나 교제하기 까다로운 사람을 비유적으로 나타내기도 합니다.

Episode 47

가출하는 날

오늘은 여행 가는 날. 오전 수업을 듣고 공항 机场 jīchǎng으로 바로 가려고 여행용 가방 行李箱 xínglixiāng을 끌고 중국어 학원에 갔습니다.

선생님께서 무슨 짐이 이렇게 많냐고 하시길래 순간 장난기가 발동했습니다.

'가출했다고 해야겠다.'

필자　**我出家了。** 저 출가했어요.
　　　Wǒ chūjiā le.

선생님　**你要当和尚?** 스님 되려고?
　　　Nǐ yào dāng héshàng?

그럼 '가출'이 중국어로 뭐지?

중국어는 동사 다음에 목적어가 오니까 '가출'을 '출가(出家)'라고 거꾸로 말했는데, 알고 보니 '출가'는 한국어와 마찬가지로 '속세를 떠나 중이 된다'는 뜻이었습니다. '가출하다'는 중국어로 '离家出走 líjiā chūzǒu'라고 합니다.

Please More Information

음절의 순서가 한국어와 반대인 청개구리 단어

한국어	중국어
고통(苦痛)	痛苦 tòngkǔ
소개(紹介)	介绍 jièshào
시설(施設)	设施 shèshī
언어(言語)	语言 yǔyán
영광(榮光)	光荣 guāngróng
운명(運命)	命运 mìngyùn
음성(音聲)	声音 shēngyīn
채소(菜蔬)	蔬菜 shūcài
치아(齒牙)	牙齿 yáchǐ
평화(平和)	和平 hépíng
포옹(抱擁)	拥抱 yōngbào

Episode
48

선생님은 외계인

미국에서 강의할 때 있었던 일입니다.

지난 시간에 배웠던 단어 生词 shēngcí를 복습하고 있었습니다.

당시 반 학생의 절반 이상은 중국계 미국인 학생들이었습니다. 중국어는 어느 정도 할 줄 알지만 한자는 까막눈이었죠.

그래서 교실 곳곳에 한자 카드를 붙여 놓고 단어를 찾는 사람이 읽고, 그 단어를 사용해서 문장 句子 jùzi 을 만드는 활동을 자주 했습니다. 그중 '外行'이라는 단어를 찾은 학생이 'wàixíng'이라고 말했습니다. 일단 발음 发音 fāyīn은 틀렸습니다. 이제 문장을 만들 차례. 불안한 기운이 엄습했고 역시 저의 예상은 빗나가지 않더군요.

"외계인 外星人 wàixīngrén이세요?"

'行'은 '가다' 혹은 '~해도 좋다'의 뜻을 나타낼 때는 'xíng', '항렬이나 업종'을 나타낼 때는 'háng'이라고 읽습니다. 이렇게 두 가지 이상의 발음을 가지고 있는 글자를 '**多音字** duōyīnzi(다음자)'라고 합니다. '**外行人** wàihángrén'은 말그대로 업계 밖에 있는 사람이므로 '문외한'을 뜻하는데, 이를 잘못 발음하면 외계인이 됩니다.

'**外行** wàiháng'의 반의어인 '**内行** nèiháng'은 '전문가'를 뜻합니다.

▌ 다음자 찾아보기

★ **步行五分钟就到银行。** 걸어서 5분이면 은행에 도착한다.
Bùxíng wǔ fēnzhōng jiù dào yínháng.

★ **还是还钱比较好。** 그래도 빚을 갚는 게 낫다.
Háishi huánqián bǐjiào hǎo.

★ **这是一个长期成长的机会。** 이것은 장기 성장할 수 있는 기회이다.
Zhè shì yí ge chángqī chéngzhǎng de jīhuì.

★ **今天讲课的重点重复一下!** 오늘 배운 중점을 반복해 봅시다.
Jīntiān jiǎngkè de zhòngdiǎn chóngfù yíxià!

★ **会计师不会参加会议的。** 회계사는 회의에 참여하지 않을 것이다.
Kuàijìshī bú huì cānjiā huìyì de.

★ **外派与出差有什么差异?** 파견과 출장의 차이가 무엇입니까?
Wàipài yǔ chūchāi yǒu shénme chāyì?

★ **我是个丢三落四的人，我的东西总是下落不明。**
Wǒ shì ge diūsān làsì de rén, wǒ de dōngxi zǒngshì xiàluò bùmíng.
나는 덜렁거리는 편이라서, 물건을 잘 잃어버린다.

Episode
49

짝사랑하는 오빠

어느 날 우연히 중국 친구의 메신저 프로필 사진 头像 tóuxiàng을 보게 되었는데 다음과 같이 쓰여 있었습니다. 그것도 대문짝만하게.

我爱墨西哥！
Wǒ ài Mòxīgē!

'모시 오빠를 사랑한다고? 와! 중국 여자들은 역시 대담하다. 사랑 고백 表白 biǎobái을 이렇게 공개적으로 하다니.'

친구에게 모시 오빠가 누구냐고 물어봤더니 어이가 없다는 듯 피식 웃더군요.

墨西哥到底是谁？
Mòxīgē dàodǐ shì shéi?
모시 오빠가 도대체 누군데?

팩트체크

'墨西哥 Mòxīgē'의 정체는 '멕시코'를 중국식으로 음역한 것이었습니다. 얼마 전에 칸쿤 여행을 다녀온 그 친구는 프로필에 여행 사진과 함께 'I LOVE 멕시코'라고 적어둔 것이었습니다.

참고로 '宝马 Bǎomǎ'는 '진귀한 말'이 아니라 '비엠더블유(BMW)'의 중국식 이름입니다. 처음 들으면 말인지 자동차인지 오해하기 십상입니다.

Please More Information

▎외래어 표기법

중국에서는 외래어를 사용하기 편하도록 새롭게 만드는데, 한자 자체가 뜻을 나타내는 '표의문자'이기 때문에 최대한 원음과 가까우면서도 한자가 나타내는 의미까지 고려해야 합니다.

① 음역

커피	咖啡 kāfēi	발음 카페이
초콜릿	巧克力 qiǎokèlì	발음 챠오커리
햄버거	汉堡 hànbǎo	발음 한바오

② 의역

컴퓨터	电脑 diànnǎo	의미 전자 뇌
핸드폰	手机 shǒujī	의미 손 기계
핫도그	热狗 règǒu	의미 뜨거운 개

③ 음역 + 의역

이마트	易买得 yìmǎidé	발음 이마이더	의미 쉽게 사고 얻는다
코카콜라	可口可乐 kěkǒukèlè	발음 커커우커러	의미 입에 맞고 아주 즐겁다
뚜레쥬르	多乐之日 duōlèzhīrì	발음 뚸러즈르	의미 즐거움이 많은 날

<table>
<tr><td>Episode
50</td><td># 북경이냐 베이징이냐</td></tr>
</table>

대학 입학시험 면접 面试 miànshì날, 모 대학 중어중문학과에서 일어난 일입니다.

면접관 面试官 miànshìguān이 중국 지명을 아는 대로 말해보라고 했는데 한 지원자 志愿者 zhìyuànzhě가 이렇게 대답했다고 합니다.

"북경과 베이징이요."

교수님은 혀를 내두르시며 북경과 베이징이 동일한 지명임을 알려주셨답니다.

왜 이런 일이 발생했을까요?

중국어 발음과 한국식 한자음으로 읽는 것이 달라서 '북경'과 '베이징'을 서로 다른 지명인 줄 착각한 것입니다. '상해'와 '상하이'도 같은 맥락입니다. 또한 '마오쩌뚱'과 '모택동', '청룽'과 '성룡'이 동일 인물인데 다른 사람인 줄 아는 사람이 가끔 있습니다.

한국어 외래어 표기법

중국 인명의 경우, 과거인은 기존의 한자음대로 표기하고, 현대인은 원칙적으로 중국어 표기법에 따릅니다. 여기서 과거인과 현대인을 구분하는 기준은 중국 역사상 봉건체제가 무너지고 민주공화국이 들어선 '1911년 신해혁명'입니다. 즉 공자는 그대로 공자이고, 중국 현 주석은 습근평이 아니라 시진핑(习近平 Xí Jìnpíng)이라 표기합니다. 하지만 신해혁명 당시 인물인 孙文(Sūn Wén 쑨원/손문)이나 袁世凯(Yuán Shìkǎi 위안스카이/원세개) 같은 경우는 두 가지 이름을 가질 수 있습니다.

중국 지명의 경우, 현재 쓰이지 않는 것은 한국 한자음대로 하고, 현존하는 지명은 중국어 원음에 따라 표기해야 합니다. 따라서 '낙양'은 4천여 년의 역사를 가진 중국의 7대 고도(古都) 중의 하나이지만, 현재 허난(河南)성의 서북부에 있는 직할시이므로 '뤄양(洛阳)'이라 표기합니다. 하지만 '북경'이나 '상해'처럼 이미 굳어진 관용은 예외적으로 허용됩니다.

Episode 51 · 종각역 3-1번 출구

종각역에서 만나기로 한 중국 친구에게 전화가 왔습니다.

친구
你在哪儿? 너 어디야?
Nǐ zài nǎr?

필자
三…… 삼……
Sān ……

'어라? 이 작대기 뭐지?'

친구
三号出口吗? 3번 출구야?
Sān hào chūkǒu ma?

필자
不是，三减一号出口。 아니, 3 빼기 1번 출구.
Bú shì, sān jiǎn yī hào chūkǒu.

친구
知道了，三杠一号出口吧? 알겠다. 3 대시 1번 출구구나?
Zhīdào le, sān gàng yī hào chūkǒu ba?

116 중국어, 실수해도 괜찮아!

'대시(또는 '줄표', '하이픈')'를 중국어로 어떻게 말하는지 몰라서 당황했습니다. '3–1번'을 '3 빼기 1번'이라고 읽었지만, 친구가 찰떡같이 알아듣고 교정해 주었습니다.

Please More Information

문장 부호와 특수 문자 읽는 법

。	句号 jùhào		" "	双引号 shuāngyǐnhào
，	逗号 dòuhào		' '	单引号 dānyǐnhào
、	顿号 dùnhào		；	分号 fēnhào
！	感叹号 gǎntànhào		：	冒号 màohào
？	问号 wènhào		—	连字号 liánzìhào 横杠 hénggàng
@	艾特 àitè		＋	加号 jiāhào 正号 zhènghào
#	井号 jǐnghào		－	减号 jiǎnhào 负号 fùhào
*	星号 xīnghào		×	乘号 chénghào
%	百分号 bǎifēnhào		÷	除号 chúhào
/	斜线 xiéxiàn		＝	等(于)号 děng(yú)hào

심장을 열어라

두근두근 작문 写作 xiězuò시간. 오늘의 주제 主題 zhǔtí는 '허물없는 친구 知心朋友 zhīxīn péngyou'입니다.

서로 마음을 열고 이야기를 나눌 수 있는 친한 친구에 대해 써 내려가기 시작했습니다.

我们互相打开心脏聊一聊。 우리는 서로 심장을 열고 이야기한다.
Wǒmen hùxiāng dǎkāi xīnzàng liáo yi liáo.

선생님은 제 글을 보시고 그야말로 심장이 떨어질 뻔하셨답니다.

무엇이 잘못된 걸까요?

제가 쓴 표현은 '심장을 수술하기 위해 흉부를 여는 것'을 의미합니다. 올바른 표현은 다음과 같습니다.

★ 我们互相敞开心扉聊一聊。
Wǒmen hùxiāng chǎngkāi xīnfēi liáo yi liáo.
우리는 서로 마음을 열고 이야기한다.

 Please More Information

마음의 문을 여는 표현

★ 咱们开诚布公地谈谈吧。
Zánmen kāichéng bùgōng de tántan ba.
우리 흉금을 털어놓고 얘기해보자.

★ 我决定和他打开窗户说亮话。
Wǒ juédìng hé tā dǎkāi chuānghu shuō liànghuà.
나는 그에게 툭 터놓고 말하기로 마음먹었다.

★ 她们俩成为无话不谈的知心朋友了。
Tāmen liǎ chéngwéi wúhuà bùtán de zhīxīn péngyou le.
그녀들은 속을 터놓고 지내는 허물없는 사이가 되었다.

★ 他们俩推心置腹谈了一整夜，化解了很多误会。
Tāmen liǎ tuīxīn zhìfù tán le yì zhěng yè, huàjiě le hěn duō wùhuì.
그들은 밤새도록 진실되게 얘기를 나눴고, 많은 오해를 풀었다.

알아두면 좋은 표현 🔍

◇ 敞开心扉 마음의 문을 열다
chǎngkāi xīnfēi
◇ 开诚布公 흉금을 털어놓다
kāichéng bùgōng
◇ 打开窗户说亮话 툭 터놓고 말하다
dǎkāi chuānghu shuō liànghuà
◇ 无话不谈 못하는 이야기가 없다
wúhuà bùtán
◇ 推心置腹 진심으로 속을 터놓고 교제하다
tuīxīn zhìfù

Episode 53

사흘마다 작심삼일

중국 어학연수 시절. 식전에는 땅콩 볶음을 두둑히 먹었고, 식사때는 주로 기름진 요리를 먹었고, 식후에는 악마의 간식이라 불리는 꽈쯔 瓜子 guāzǐ를 입에 달고 살았습니다.

그랬더니 6개월 만에 체중 体重 tǐzhòng이 8kg이나 불어났습니다.

이대로 한국에 돌아가면 부모님이 못 알아 보실지도 모른다는 생각에 다이어트 减肥 jiǎnféi를 시도했는데, 아쉽게도 늘 작심삼일로 끝나고 말았습니다.

매점 小卖部 xiǎomàibù에만 다녀오면 제 손에는 어김없이 꽈쯔 세 봉지가 들려 있었습니다.

친구에게 다이어트가 늘 작심삼일(作心三日)이라고 말하니 고개를 갸우뚱하더군요.

중국인들은 작심삼일을 안 하나요?

어떤 일을 꾸준히 하지 못할 때 '三天打鱼, 两天晒网 sān tiān dǎ yú, liǎng tiān shài wǎng(사흘 고기 잡고, 이틀은 그물 말린다)'이라는 속담을 사용합니다.

여러분은 사흘마다 작심삼일 하셔서 낚시에 성공하시길 바랍니다.

★ **A: 我减肥总是三天打鱼，两天晒网。**
　　Wǒ jiǎnféi zǒngshì sān tiān dǎ yú, liǎng tiān shài wǎng.
　　다이어트가 늘 작심삼일로 끝나.

　B: 这次不能半途而废，要有始有终。
　　Zhè cì bù néng bàntú érfèi, yào yǒushǐ yǒuzhōng.
　　이번에는 중간에 포기하지 말고 유종의 미를 거둬 봐.

알아두면 좋은 표현 🔍

◌ **半途而废** 중도에 포기하다
　bàntú érfèi
◌ **有始有终** 시작하여 끝까지 밀고 나가다
　yǒushǐ yǒuzhōng

✦ **三分钟热度** 금방 달아올랐다가 금방 식는 열정, 냄비근성
　sān fēnzhōng rèdù
✦ **虎头蛇尾** 용두사미
　hǔtóu shéwěi

 에피소드➕

중국 친구가 시험공부를 다했냐고 묻길래 저는 주마간산(走马看山)식으로 훑어보았다고 말했는데 중국어에는 그런 표현이 없답니다.

한국에서는 일을 대충대충 할 때 '달리는 말에서 산(山)을 본다'고 하는데, 중국에서는 '달리는 말에서 꽃(花)을 감상한다'고 합니다.

★ **只是走马观花地看了一遍。** 그냥 수박 겉핥기 식으로 한 번 봤어.
　Zhǐshì zǒumǎ guānhuā de kàn le yí biàn.

미안하다 두껍아

어느 날 친구가 저에게 고민 상담을 해왔습니다.

자신을 좋아하는 사람이 있는데, 문제는 이 남자의 외모가 누가 봐도 기가 막힐 정도로 못생겼다는 것입니다.

사진 照片 zhàopiàn을 보고서 두꺼비 癞蛤蟆 làiháma를 닮았다고 했는데, 아뿔싸! 그때는 이 말이 당시 상황에 딱 들어맞는 비유인 줄 몰랐습니다.

열 번 찍어 안 넘어가는 나무 없다고 했던가요?

두꺼비남의 끈질긴 구애 끝에 친구는 그와 결혼 结婚 jiéhūn을 했고, 저는 친구에게 사과했습니다.

남편을 그동안 두꺼비라 불러서 정말 미안하다고.

팩트체크

중국에서 분수를 모르고 예쁜 아내를 얻으려 하는 추남을 '두꺼비(癩蛤蟆 làiháma)'에 비유합니다.

★ 癩蛤蟆想吃天鹅肉。
Làiháma xiǎng chī tiān'é ròu.
두꺼비가 백조 고기를 먹으려 한다. → 추남이 미녀를 얻으려 한다.

Please More Information

연애에 관한 비유 표현

★ 情人眼里出西施。
Qíngrén yǎn li chū Xīshī.
사랑하면 서시로 보인다. → 사랑하면 눈에 콩깍지가 씌인다.

★ 王八看绿豆 —— 对上眼了。
Wángbā kàn lǜdòu — duìshang yǎn le.
자라가 녹두를 보다. → 제 눈에 안경이다.

★ 脚踏两只船。
Jiǎo tà liǎng zhī chuán.
발을 배 두 척에 걸치다. → 양다리를 걸치다.

★ 一朵鲜花插在牛粪上。
Yì duǒ xiānhuā chāzài niúfèn shang.
한 송이 꽃이 소똥에 꽂혀있다. → 미녀가 어울리지 않는 상대와 함께하다.

★ 天涯何处无芳草?
Tiānyá héchù wú fāngcǎo?
이 세상 어디엔들 향화방초 없으리오. → 세상에 널린 게 여자고 남자다.

★ 老牛吃嫩草。
Lǎoniú chī nèncǎo.
늙은 소가 어린 풀을 먹는다. → 나이 많은 사람이 어린 상대를 좋아하다.

<table>
<tr>
<td>Episode
55</td>
<td>지긋지긋한 공부</td>
</tr>
</table>

중국어 작문 시간. 이번 주제는 '공부'입니다.

배움에는 끝이 없다는 의미로 다음과 같이 적었습니다.

我的学习没完没了。 나의 공부는 끊임없이 계속된다.
Wǒ de xuéxí méiwán méiliǎo.

선생님께서 보시고는 학업 学业 xuéyè을 관둘거냐면서 걱정하시더군요.

알고 보니 '没完没了'는 주로 수다 聊天儿 liáotiānr나 잔소리 唠叨 láodao가 한도 끝도 없이 계속될
때 사용하는 것이었습니다.

이런, 어떻게 고쳐야 할까요?

팩트체크

저의 의도는 공부가 지겹다는 푸념이 아니라 살아 있는 동안 배움을 계속 하겠다는 다짐입니다. 이렇게 바꾸면 어떨까요?

★ 我要活到老，学到老。　나는 평생 배울 것이다.
　 Wǒ yào huódào lǎo, xuédào lǎo.

Please More Information

📗 배움에 관한 명언

★ 学不可以已。
　 Xué bù kě yǐ yǐ.
　 배움은 그치지 말아야 한다. (순자《권학》)

★ 不怕慢，只怕站。
　 Bú pà màn, zhǐ pà zhàn.
　 천천히 가도 괜찮다, 멈추지 않는다면.

★ 学习如逆水行舟，不进则退。
　 Xuéxí rú nìshuǐ xíngzhōu, bú jìn zé tuì.
　 배움이란 마치 물을 거슬러 올라가는 배와 같아서, 앞으로 나아가지 않으면 뒷걸음질 치게
　 된다.

★ 欲穷千里目，更上一层楼。
　 Yù qióng qiānlǐ mù, gèng shàng yì céng lóu.
　 천 리 밖까지 다 보려면 누각 한 층을 올라가야 한다(더 많은 것을 알려고 한다면 진일보
　 한 노력이 필요하다). (왕지환《등관작루》)

★ 书山有路勤为径，学海无涯苦作舟。
　 Shūshān yǒu lù qín wéi jìng, xuéhǎi wúyá kǔ zuò zhōu.
　 학문의 산을 오름에 있어 근면함은 지름길이고, 학문의 바다는 언덕이 없어 배를 타고 항
　 해하듯 애써 정진해야 한다. (서양속담)

1 빈칸에 들어갈 답을 보기에서 골라 보세요.

보기　　A 骄傲　B 紧张　C 介绍　D 方便　E 意见　F 约会　G 兴奋

1　给大家_____一下，这是我的爱人。

2　明天我有一个很重要的_____，改天吧。

3　哥哥考试得了第一名，我真为他_____。

4　现在机票很_____，根本买不到。

5　老板总是跟我发脾气，我对他很有_____。

6　你_____的时候，请你吃饭。

7　弟弟走进来_____地说："明天就放假啦！"

보기　　A 狮子大开口　B 走后门　C 铁饭碗　D 吃素　E 吃醋　F 三天打鱼，两天晒网

8　一座小房子售价600万元，简直是_____！

9　他高考成绩不好，但_____上大学了。

10　别小看她，她可不是_____的。

11　公务员是一个_____，因为工作稳定，福利待遇也很好。

12　学习外语要坚持努力，不能_____。

13　A: 真烦！我男友有很多异性朋友。

　　 B: 你是不是_____了？

2 다음 브랜드 이름을 바르게 연결해 보세요.

1 快餐店

麦当劳 Màidāngláo   •

星巴克 Xīngbākè   •

肯德基 Kěndéjī   •

汉堡王 Hànbǎowáng   •

必胜客 Bìshèngkè   •

赛百味 Sàibǎiwèi   •

  • KFC

  • 스타벅스

  • 맥도날드

  • 피자헛

  • 서브웨이

  • 버거킹

2 汽车

宝马 Bǎomǎ   •

奔驰 Bēnchí   •

奥迪 Àodí   •

法拉利 Fǎlālì   •

  • 페라리

  • 아우디

  • 벤츠

  • BMW

3 服装

香奈儿 Xiāngnàiér   •

路易威登 Lùyìwēidēng   •

普拉达 Pǔlādá   •

耐克 Nàikè   •

  • 루이비통

  • 샤넬

  • 프라다

  • 나이키

Chapter
3

황당한 문법편

문법편에서는 한국인이 자주 틀리는 문법을 중심으로 실수담을 엮어보
았습니다. 중국어 표현 방식을 무작정 외우는 것이 아니라 자연스레 이
해할 수 있도록 원리를 깨우친 과정을 스토리에 그대로 담았습니다. 한
국인의 사고 방식에서 벗어나 중국어 문법의 장벽을 뛰어넘어 봅시다.

Episode 56	중국인은 오늘만 산다?

전공 수업 시간에 중국어의 특징 特征 tèzhēng에 대해 토론 讨论 tǎolùn을 하고 있었습니다.

중국어에는 성조 声调 shēngdiào가 있습니다.
중국어는 띄어쓰기 分写 fēnxiě가 없습니다.
중국어의 기본 어순 语序 yǔxù은 영어와 같습니다.
하나의 단어가 여러가지 품사 词类 cílèi로 쓰일 수 있습니다.

저는 중국어에 시제가 없다고 했다가 교수님께 핀잔을 들었습니다.

교수님께서 말씀하시길,

"중국어에 시제가 없으면 중국인들은 오늘만 사니?"

중국어에도 시제가 있습니다. 다만 시제 변화에 따른 단어의 형태 변화가 없을 뿐입니다.

이해를 돕기 위해 예를 하나 들어보겠습니다.

한국어와 영어에서는 시간표현법이 문법상으로 확연히 구분됩니다. 과거는 '어제 비가 왔어요(It rained yesterday)', 현재는 '지금 비가 와요(It is raining now)', 미래는 '내일 비가 올 거예요(It will rain tomorrow)'라고 합니다. 하지만 중국어의 경우 '昨天下雨了', '今天下雨', '明天下雨'와 같이 발생 시간에 상관없이 동사의 형태는 그대로 유지됩니다.

▌ 저축하는 법

2013년 미국경제학회보(AER)는 흥미로운 연구 결과를 발표했습니다.

한국어와 영어처럼 현재와 미래를 구별하는 언어를 사용하는 사람은 무의식중에 현재와 미래를 별개로 여겨 저축을 덜 하게 된다고 합니다. 반면, 중국어처럼 현재형과 미래형이 구분되지 않는 언어 사용자는 현재와 미래의 나를 동일시하므로, 미래가 현재와 멀지 않다고 인식하여 자제력이 생겨 저축을 훨씬 많이 하게 된다고 합니다.

결론적으로, 사용하는 언어에 따라 사람들의 저축 성향이 달라진다는 말입니다. 여러분, 텅장을 통장으로 되돌리고 싶다면 지금 당장 중국어를 시작하세요!

오늘이 내 생일이라고?

11월의 어느 날, 중국 친구가 생일 축하한다는 말과 함께 손수 만든 케이크 蛋糕 dàngāo를 가져왔습니다. 그 친구가 한국에 온 지 얼마 안 되었을 때 한국어가 서툴러서 제가 전셋집 租房 zūfáng과 아르바이트 打工 dǎgōng 찾는 것을 도와준 적이 있었죠.

그나저나 오늘 내 생일 아닌데?

친구는 눈을 동그랗게 뜨면서 제가 정확히 제 입으로 오늘 날짜가 제 생일이라고 말했다는군요.

我的生日是一月三十号。 내 생일은 1월 30일이야.
Wǒ de shēngrì shì yī yuè sānshí hào.

친구는 그만 울상이 되고 말았습니다.

"지금도 계속 11월이라고 말하고 있잖아……"

今天不是我的生日。
Jīntiān bú shì wǒ de shēngrì.
오늘 내 생일 아니야.

生日快乐！
Shēngrì kuàilè!
생일 축하해!

여러분, 눈치채셨나요? '是 shì'를 '十 shí'로 발음하여 친구가 제 생일을 '十一月 shíyī yuè(11월)'로 생각했던 것입니다. 친구는 '是'를 아예 빼고 말해도 되는 경우가 있다고 하더군요.

중국어로 나이, 시간, 날짜, 요일, 직업, 가격, 날씨 등을 말할 때는 주어 뒤에 동사 '是 shì(~이다)'를 사용하지 않아도 됩니다. 이처럼 명사가 직접 술어를 이루는 문장을 '명사술어문'이라고 합니다.

⭐ 现在三点。　지금은 3시이다.
　　Xiànzài sān diǎn.

⭐ 他北京人。　그는 베이징 사람이다.
　　Tā Běijīngrén.

⭐ 我妈妈今年六十岁。　우리 엄마는 올해 60세이다.
　　Wǒ māma jīnnián liùshí suì.

⭐ 这件衣服八十块钱。　이 옷은 80위안이다.
　　Zhè jiàn yīfu bāshí kuài qián.

⭐ 昨天今天雨天。　어제와 오늘은 비오는 날이다.
　　Zuótiān jīntiān yǔtiān.

단, 명사술어문의 부정문에서는 '是'를 써야 합니다.

⭐ 今天不是星期五，是星期六。　오늘은 금요일이 아니고 토요일이다.
　　Jīntiān bú shì xīngqīwǔ, shì xīngqīliù.

⭐ 他不是北京人，是上海人。　그는 베이징 사람이 아니고 상하이 사람이다.
　　Tā bú shì Běijīngrén, shì Shànghǎirén.

변심한 남자 친구

국제 결혼을 한 중국 친구가 들려준 이야기입니다.

오랫동안 장거리 연애 异地恋 yìdìliàn를 하던 미국인 남자 친구에게서 황당한 말을 들었다고 합니다.

남자 친구가 전화를 걸어 다짜고짜 악담 恶语 èyǔ을 퍼부었다고 합니다.

"네가 죽었으면 좋겠어."

못 본 새에 남자 친구의 사랑이 식어버린 걸까요?

'想'은 동사로 '그리워하다'라는 뜻도 있지만 조동사로 '~하기를 바라다'라는 의미도 있습니다. 남자 친구가 원래 하고자 했던 말은 '네가 보고 싶어 죽겠다(想死/你)'인데, 어순이 달라지면서 뜻이 '네가 죽기를 바란다(想/你死)'로 바뀐 것입니다.

★ **我**想死你**了。** 네가 보고 싶어 죽겠어.
　Wǒ xiǎng sǐ nǐ le.

★ **我**想你死**了。** 네가 죽었으면 좋겠어.
　Wǒ xiǎng nǐ sǐ le.

어떤 중국 남자가 한 여자를 보고 첫눈에 반해서 "내가 이기면 당신이 나와 결혼해줘요. 만일 진다면 제가 당신과 결혼할게요."라고 말하며 내기를 제안했다고 합니다.

결론은 같지만 주어가 바뀌면서 결혼을 주도하는 사람이 달라졌습니다. 이처럼 중국어의 어순은 의미 관계를 나타내는 데 있어서 매우 중요합니다.

★ 你跟我结婚**吧。** 당신이 나와 결혼해줘요.
　Nǐ gēn wǒ jiéhūn ba.

★ **我**跟你结婚**。** 제가 당신과 결혼할게요.
　Wǒ gēn nǐ jiéhūn.

이게 혼날 일이야?

어느 화창한 날, 존이라는 학생이 우산 雨伞 yǔsǎn을 들고 왔습니다.

한창 수업을 진행하고 있는데 한 학생이 비를 쫄딱 맞고 들어왔습니다. 지각대장 迟到大王 chídào dàwáng 제이슨이었습니다.

저의 시선은 제이슨에서 존의 우산으로 향했습니다.

존에게 어떻게 비가 올 줄 알았냐고 물었더니 동문서답을 하더군요.

妈妈说我了。 엄마가 저를 야단치셨어요.
Māma shuō wǒ le.

带上雨伞吧！ 우산 가져가!
Dàishang yǔsǎn ba!

어머니께서 존에게 비가 내릴 것 같으니 우산을 챙겨가라고 말씀해주신 겁니다. 일반적으로 '说 shuō' 뒤에는 누가 말한 내용이 목적어로 올 수 있는데, '说' 바로 뒤에 사람이 목적어로 쓰이면 '말하다'가 아니라 '야단치다', '타이르다'라는 뜻이 됩니다.

'~와 말하다', '~에게 말하다'를 표현하려면 '跟 gēn', '和 hé', '对 duì' 등과 같은 전치사를 사용해야 합니다.

★ 妈妈对我说，今天会下雨。 엄마가 오늘 비가 올 거라고 말해주셨어요.
　Māma duì wǒ shuō, jīntiān huì xiàyǔ.

★ 请跟我说一声。 저에게 말씀해주세요.
　Qǐng gēn wǒ shuō yìshēng.

이중 목적어를 취하는 '告诉'

'告诉 gàosu(알리다)'는 전치사 없이 사람이 바로 목적어로 올 수 있으며, 영어의 4형식 문장처럼 두 개의 목적어를 가질 수 있습니다.

★ 我不告诉你。 안 알려 줄 거야.
　Wǒ bú gàosu nǐ.

★ 告诉大家一个好消息。 여러분께 좋은 소식을 하나 알려 드릴게요.
　Gàosu dàjiā yí ge hǎo xiāoxi.

Episode 60

아직 안 가셨어요?

수업이 끝나고 한참이 지났는데, 화장실 洗手间 xǐshǒujiān 앞에서 담임 선생님과 마주쳤습니다.

제가 하고 싶었던 말은, "아직 안 가셨어요?"

您还没去?
Nín hái méi qù?

딱 한 마디 一句话 yí jù huà 했는데 굴욕을 당할 줄이야!

괜히 입을 열었다가 화장실에 들어가지도 못하고 붙잡혔습니다. 담임 선생님도 문법 설명을 하시느라 퇴근 下班 xiàbān이 10분 더 늦어지셨답니다.

老师! 我想去洗手间。
Lǎoshī! Wǒ xiǎng qù xǐshǒujiān.
선생님! 저 화장실 가고 싶어요.

선생님께서 특별한 목적지 없이 자리를 떠날 때는 '去 qù' 대신에 '走 zǒu'를 써야 한다고 말씀해주셨습니다. 한국어로는 둘 다 '가다'라고 해석되므로 혼동하기 쉽습니다.

'去'는 '来 lái(오다)'의 상대 개념인 '가다'로, 뒤에 주로 장소를 나타내는 목적어가 옵니다.

⭐ **A: 你去哪儿?** 어디 가?
　　 Nǐ qù nǎr?

⭐ **B: 我去超市。** 슈퍼마켓에 가.
　　 Wǒ qù chāoshì.

'走'는 현재 머무는 장소를 '떠나가다'라는 의미로 쓰이며, '걸어가다'라는 의미도 나타낼 수 있습니다.

⭐ **我们走吧!** 우리 가자!
　 Wǒmen zǒu ba!

⭐ **他已经走了。** 그는 이미 떠났다.
　 Tā yǐjīng zǒu le.

⭐ **她在走路。** 그녀는 길을 걷고 있다.
　 Tā zài zǒu lù.

Episode
61

나도 안 갈래

대학시절 문법 语法 yǔfǎ 시험을 보는데 번역 문제가 나왔습니다. 평소 교수님께서 중요 重要 zhòngyào
하다고 강조 强调 qiángdiào하신 내용이었죠.

我也不去了。
Wǒ yě bú qù le.

나도 안 갔다? 나도 안 갈래?

둘 중 하나인데 50퍼센트의 확률로 오답 错误答案 cuòwù dá'àn을 써냈습니다.

오답을 쓰게 된 이유는 두 가지입니다.

하나는 부정문에 쓰이는 '不'와 '没'를 구분하지 못했고, 다른 하나는 '了'를 과거형이라고 착각했기 때문입니다.

정답 正确答案 zhèngquè dá'àn이 궁금하시다고요?

제목을 참고해주세요.

'不'와 '没'는 모두 부정부사이지만 용법이 다릅니다. '不'는 주로 주관적인 의지(will) 혹은 판단의 부정을 나타냅니다. '不……了'의 형태로 쓰여 더 이상 동작을 실행할 의지가 없음을 강조하기도 합니다. 따라서 정답은 '나도 안 갈래.'가 됩니다. 반면, '没'는 객관적인 사실(fact)의 부정을 나타냅니다. 어느 시점을 기준으로 동작이 완성되지 않았음을 나타내므로 '나도 안 갔다.'는 '我也没去。Wǒ yě méi qù.'로 표현합니다.

'了'는 다양한 용법이 있지만 크게 '동작의 완료'와 '상황의 변화'로 나눌 수 있습니다. 먼저 동태조사 '了'는 동사 뒤에 사용되어 '동작의 완료'를 나타냅니다. '了'는 시제의 제약을 받지 않으므로 과거뿐만 아니라 현재와 미래 시점에서도 사용 가능합니다.

★ **他昨天看了一本杂志。** 그는 어제 잡지 한 권을 보았다.
Tā zuótiān kàn le yì běn zázhì.

★ **我明天吃了饭就给你打电话。** 내일 밥 먹고 바로 전화할게.
Wǒ míngtiān chī le fàn jiù gěi nǐ dǎ diànhuà.

반면 어기조사 '了'는 문장 끝에서 '상황의 변화'를 나타낼 수 있습니다.

★ **天气冷了。** 날씨가 추워졌다.
Tiānqì lěng le.

★ **我变胖了。** 살이 쪘다.
Wǒ biàn pàng le.

Episode
62

지금 가고 있어

중국 친구와 언어 교환 语言交换 yǔyán jiāohuàn을 하기로 했는데, 아침에 알람 시계 闹钟 nàozhōng 를 끄고 늦잠 懒觉 lǎnjiào을 잤습니다.

허둥지둥 친구네 집으로 가고 있는데, 친구가 전화로 어디냐고 물었고, 저는 진행태를 나타내는 '在 zài(~ 하는 중이다)'를 사용해서 이렇게 대답했습니다.

*我在去你家。
Wǒ zài qù nǐ jiā.

안타깝게도 친구는 이 말을 못 알아듣더군요.

그렇다면 '지금 가는 중이야'를 중국어로 어떻게 말할까요?

지금 가는 중이야.

중국어로 '가고 있다'는 '길 위에 있다'라고 표현합니다. 알고 보니 '去'는 진행태에 사용할 수 없는 동사였습니다. 이 밖에도 '알고 있다', '가지고 있다'처럼 한국어는 가능한데 중국어는 진행태로 만들 수 없는 동사가 있습니다.

★ 我在路上。 지금 가고 있어.
  Wǒ zài lù shang.

★ 我正在去你家的路上。 너희 집에 가는 길이야.
  Wǒ zhèngzài qù nǐ jiā de lù shang.

Please More Information

▐ 진행태에 쓸 수 없는 동사

① 판단, 존재, 소유 등을 나타내는 동사

★ 是 shì(~이다), 在 zài(있다), 有 yǒu(있다)

② 지각, 감각 등을 나타내는 동사

★ 知道 zhīdào(알다), 认识 rènshi(알다), 感到 gǎndào(느끼다), 明白 míngbai(이해하다), 怕 pà(무서워하다), 喜欢 xǐhuan(좋아하다)

③ 출현, 소실 등을 나타내는 동사

★ 开始 kāishǐ(시작하다), 停止 tíngzhǐ(정지하다), 生 shēng(살다), 死 sǐ(죽다), 掉 diào(떨어지다)

④ 방향성이 있는 동사

★ 来 lái(오다), 去 qù(가다), 出 chū(나가다), 过 guò(지나다)

<table>
<tr><td>Episode
63</td><td># 씻은 적이 있다고?</td></tr>
</table>

대학교 기숙사에 살 때 겪은 일입니다.

주방과 화장실을 공용으로 사용하기 때문에 중국 친구들과 하루에도 몇 번씩 마주쳤고 그 때마다 일상적이고 가벼운 인사 打招呼 dǎ zhāohu를 나누곤 했습니다.

어쩌다 한 친구에게 밥 먹었냐고 물으니 밥 먹은 적이 있고, 샤워 洗澡 xǐzǎo했냐고 물으니 씻은 적이 있다고 대답하는 겁니다.

도무지 이해가 가지 않았습니다.

사람이 밥을 안 먹고 살 수 있나? 쟤는 평소에 잘 안 씻나?

'过'는 동작의 완료를 나타내기도 합니다. 이 경우 보통 동사 뒤나 문장 끝에 '了'를 사용합니다. 따라서 '吃过了 chī guo le', '洗过了 xǐ guo le' 등은 경험을 나타내는 것이 아니라 습관적으로 반복되는 의무를 달성했다는 것을 나타냅니다.

★ **A: 吃饭了吗?** 밥 먹었어?
　　Chīfàn le ma?

　 B: 吃过了。 먹었어.
　　Chī guo le.

★ **A: 洗澡了吗?** 씻었어?
　　Xǐzǎo le ma?

　 B: 洗过了。 씻었어.
　　Xǐ guo le.

'过 guò'는 동사로 '(어떤 장소나 시기를) 지나다'라는 기본 의미를 가지고 있습니다.

★ **我们过去看看吧。** 우리 가서 보자.
　Wǒmen guòqù kànkan ba.

★ **最近过得好吗?** 요즘 잘 지내?
　Zuìjìn guò de hǎo ma?

동태조사로 사용될 경우, '过 guo'는 동사 뒤에서 주로 지나간 과거의 경험을 나타냅니다. 경험의 부정은 '没 méi'를 사용합니다.

★ **A: 你吃过臭豆腐吗?** 취두부 먹어본 적 있어?
　　Nǐ chī guo chòudòufu ma?

　 B: 没吃过。 안 먹어봤어.
　　Méi chī guo.

<table>
<tr>
<td>Episode
64</td>
<td><h1>밥 먹을 줄 몰라</h1></td>
</tr>
</table>

어느 날, 중국 친구들이 시내에 훠궈 火锅 huǒguō 맛집 美食店 měishídiàn이 있다고 다같이 가자고 하더군요.

저도 훠궈를 참 좋아하는데요. 평소 같았으면 당연히 동의 同意 tóngyì했을 텐데, 당시 턱관절장애로 인해 입이 벌어지지 않아 숟가락을 넣기조차 힘들었습니다.

밥을 먹을 수가 없다고 거절을 하려다가 그만 조동사를 잘못 사용해서 대참사가 일어났습니다.

我不会吃饭。 나 밥 먹을 줄 몰라.
Wǒ bú huì chīfàn.

밥 먹을 줄도 모른대. 하하!

동사 앞에서 동사를 도와 필요, 기대, 가능성, 능력 등을 나타내는 것을 '능원동사(能愿动词)' 혹은 '조동사'라고 합니다. 부정형식은 일반적으로 부정부사 '不'를 앞에 써서 나타냅니다.

조동사 '会'는 '학습을 통해 어떤 기능을 배워서 할 줄 안다'는 의미이므로 본문의 상황과는 어울리지 않습니다. 대신 '능력을 구비하여 ~할 수 있다(~할 힘이 있다)'라는 뜻을 가진 '能'을 사용하면 굴욕을 면할 수 있습니다.

★ **你会游泳吗?** 너 수영할 줄 알아?
Nǐ huì yóuyǒng ma?

★ **我不会骑自行车。** 나는 자전거를 탈 줄 모른다.
Wǒ bú huì qí zìxíngchē.

★ **他能教英语。** 그는 영어를 가르칠 수 있다.
Tā néng jiāo Yīngyǔ.

★ **你能不能帮我一下?** 당신 저를 좀 도와주실 수 있나요?
Nǐ néng bu néng bāng wǒ yíxià?

명품 사지 마라

학생 시절, 한국어가 서툰 중국 친구들을 위해 제가 흔쾌히 쇼핑 购物 gòuwù을 돕겠다고 나섰습니다.

그런데 이 친구들 생각보다 통이 크더군요.

한 친구는 충동적으로 몇 백만 원대 명품 가방 名牌包 míngpáibāo을 샀고, 다른 친구도 이에 질세라 신용카드 信用卡 xìnyòngkǎ를 신나게 긁었는데 한도가 초과되니 중국에 계신 어머니에게 한도를 올려달라고 전화까지 걸더군요.

저에게도 명품을 살 거냐고 묻길래, "不要买！ Bú yào mǎi!"라고 대답했는데, 이 말은 사지 말라는 뜻이라고 합니다.

나참, 쇼핑 도우미가 물건을 못 사게 하다니.

'要 yào'가 조동사로 쓰일 때는 '~할 것이다', '~하려고 한다'라는 의미로 화자의 강한 의지나 계획을 나타냅니다. 반면, '想 xiǎng'은 '~하고 싶다'라는 생각이나 소망일 뿐 의지를 드러내지 않습니다.

조동사 '要'의 부정형은 '~할 것이다'라는 의미에 대한 부정이므로 '~하고 싶지 않다', '~할 생각이 없다'는 뜻인 '不想'을 사용해야 합니다. '不要'에는 '~하지 마라', '~해서는 안 된다'는 금지나 권유의 의미가 있습니다.

★ 我想吃麻辣烫。 마라탕을 먹고 싶다.
 Wǒ xiǎng chī málàtàng.

★ 明天要吃麻辣烫。 내일 마라탕을 먹을 것이다.
 Míngtiān yào chī málàtàng.

★ 我不想吃麻辣烫。 마라탕을 먹고 싶지 않다.
 Wǒ bù xiǎng chī málàtàng.

★ 不要吃麻辣烫。 마라탕 먹지 마.
 Bú yào chī málàtàng.

문 닫고 들어와

대학 조교로 일할 때 있었던 일입니다.

중국인 조교가 사무실 办公室 bàngōngshì 문을 열고 다니길래 주의를 주었습니다.

把门关上，进来！ 문 닫고 들어오렴!
Bǎ mén guānshàng, jìnlái!

그런데 이 친구가 문을 먼저 닫으면 어떻게 들어오냐고 오히려 반문을 하는 겁니다. 곰곰이 생각해보니 한국어의 '문 닫고 들어오라'는 말은 논리적으로 전혀 맞지 않는 어순이었습니다.

그래서 시간 순서대로 다시 말해주었습니다.

进来，把门关上！ 들어와서 문 닫으렴!
Jìnlái, bǎ mén guānshàng!

중국어는 어순에 있어서 철저하게 시간의 법칙을 반영하고 있습니다. 먼저 발생한 일은 먼저 표시해 줍니다. 다음의 두 문장은 '谈'의 위치에 따라 대화를 이어갈지 나중에 할지 알 수 있습니다.

⭐ **再谈一会儿。** 좀 더 대화하자.
　　Zài tán yíhuìr.

⭐ **一会儿再谈。** 잠시 후에 다시 대화하자.
　　Yíhuìr zài tán.

연동문에서도 동작이 행해지는 순서대로 동사(구)가 연이어 나타납니다.

⭐ **下午/王明/来/我家/玩儿。**
　　Xiàwǔ/Wáng Míng/lái/wǒ jiā/wánr.
　　오후/왕밍/온다/우리집/논다. → 오후에 왕밍이 우리 집에 놀러 온다.

⭐ **妈妈/叫/我/去/商店/买/东西。**
　　Māma/jiào/wǒ/qù/shāngdiàn/mǎi/dōngxi.
　　엄마/하게 하다/나에게, 나는/간다/상점/산다/물건.
　　→ 엄마가 나에게 상점에 가서 물건을 사오라고 시켰다.

사마천이라는 역사가

Episode 67

대학원 면접시험에서 사마천으로 인해 울고 웃었던 사연입니다.

면접관이 '중국 역사상 사마천이라는 역사가가 있었다.'를 중국어로 번역해 보라고 했습니다.

在中国历史上，有一个叫司马迁的历史学家。
Zài Zhōngguó lìshǐ shang, yǒu yí ge jiào Sīmǎqiān de lìshǐxuéjiā.

이렇게 대답했는데 면접관들이 나지막히 한숨을 쉬더군요. 이어서 면접관이 '우리 집은 가난해서 먹을 밥도, 입을 옷도 없다.'를 번역해 보라고 했습니다.

我家里很穷，所以没有饭吃，也没有衣服穿。
Wǒ jiā li hěn qióng, suǒyǐ méi yǒu fàn chī, yě méi yǒu yīfu chuān.

두 번째 답변을 하면서 사마천에게 실수가 있었다는 것을 깨달았습니다.

치욕스러운 형벌을 견뎌내고 《사기》를 완성한 사마천의 모습이 스쳐 지나갔습니다. 실수를 만회할 기회 机会 jīhuì를 잡아야 합니다.

교수님, 사마천을 다시 해봐도 될까요?

출제 의도는 '有 연동문'에 대해 알고 있는지 파악하기 위함이었습니다.

⭐ 有/一个历史学家/叫/司马迁。
Yǒu/yí ge lìshǐxuéjiā/jiào/Sīmǎqiān.
있다/한 역사가/불린다/사마천. → 사마천이라는 한 역사가가 있었다.

연동문에서 첫 번째 동사가 '有'일 때, '有'의 목적어는 두 번째 동사의 대상이 됩니다. 주의할 점은 우리말과 어순이 반대이므로 해석은 문장의 뒤에서부터 해야 합니다. 따라서 '没有/衣服/穿(없다/옷이/입을)'은 '입을 옷이 없다'가 됩니다.

⭐ 我有一个问题想问你。 제가 묻고 싶은 게 하나 있어요.
Wǒ yǒu yí ge wèntí xiǎng wèn nǐ.

⭐ 他没有时间学汉语。 그는 중국어를 배울 시간이 없다.
Tā méi yǒu shíjiān xué Hànyǔ.

⭐ 还有很长的路要走。 아직 가야할 길이 멀다.
Hái yǒu hěn cháng de lù yào zǒu.

Episode 68

롱부츠 언박싱

하루는 백화점 百货商店 bǎihuò shāngdiàn에서 롱부츠를 구입하고 커다란 쇼핑백 购物袋 gòuwù dài을 들고 중국 친구를 만나러 갔습니다.

친구 앞에서 새 신발을 자랑하려다가 어김없이 또 실수를 했습니다.

친구
> **你买了什么?** 너 뭐 샀어?
> Nǐ mǎi le shénme?

> **我买了一条靴子。** 롱부츠 한 줄기 샀어.
> Wǒ mǎi le yì tiáo xuēzi. 필자

친구
> **你应该说 '一双靴子'!** '부츠 한 켤레'라고 해야지!
> Nǐ yīnggāi shuō 'yì shuāng xuēzi'!

중국어에서 물건의 수량을 세는 단어를 양사(量词)라고 합니다. 저는 부츠의 양사를 잘못 사용했습니다. '一双靴子(부츠 한 켤레)'라고 표현해야 하는데, 롱부츠이다 보니 가늘고 긴 이미지의 명사를 셀 때 쓰는 양사인 '条 tiáo'를 썼습니다.

참고로 짝을 이루는 물건의 하나를 셀 때는 '只 zhǐ'를 사용하면 됩니다. 즉, 一只鞋(신발 한 짝).

자주 쓰는 양사

个	개, 명(전용 양사가 없는 명사에 두루 쓰임)	一个人 yí ge rén 한 사람 两个问题 liǎng ge wèntí 두 문제
本	권(책, 잡지)	一本书 yì běn shū 책 한 권
张	장(종이, 침대, 책상)	一张床 yì zhāng chuáng 침대 한 개
条	장(치마, 바지, 넥타이, 강, 거리, 물고기, 뱀)	一条河 yì tiáo hé 한 줄기 강 三条裤子 sān tiáo kùzi 바지 세 벌
件	벌, 건(일, 사건, 옷)	一件事 yí jiàn shì 한 가지 일
把	개(우산, 의자, 칼)	一把椅子 yì bǎ yǐzi 의자 한 개
支	자루(연필, 펜, 담배)	一支铅笔 yì zhī qiānbǐ 연필 한 자루
辆	대(교통수단)	一辆车 yí liàng chē 차 한 대
双	쌍(신발, 양말, 장갑, 젓가락, 눈, 귀, 손)	一双袜子 yì shuāng wàzi 양말 한 켤레 一双筷子 yì shuāng kuàizi 젓가락 한 쌍
杯	잔	一杯果汁 yì bēi guǒzhī 주스 한 잔
瓶	병	一瓶啤酒 yì píng píjiǔ 맥주 한 병
台	대(가전제품)	一台电视 yì tái diànshì TV 한 대
只	마리(작은 동물)	一只鸟儿 yì zhī niǎor 새 한 마리

Episode 69

친절한 가이드

대학교 신입생 新生 xīnshēng 때 명동에서 있었던 일입니다.

중국인 일행이 명동역에 어떻게 가냐고 말을 걸어왔습니다. 순간 머릿속이 백지처럼 하얘졌고, 무작정 생각나는 중국어 한 마디를 던졌습니다.

跟着我来。 저를 따라오세요.
Gēn zhe wǒ lái.

그렇게 저는 친절한 가이드 导游 dǎoyóu가 되었습니다. 비록 제가 가던 길과 반대 방향이었지만요.

고맙다고 인사하는 그들을 뒤로하며, '평소에 중국어 공부 좀 해둘 걸'하고 얼마나 후회했는지 모릅니다.

그때 만일 방향을 나타내는 '往 wǎng'이라는 단어가 생각났다면 길을 설명할 수 있었을 텐데.

'往 wǎng(~쪽으로)', '向 xiàng(~을 향하여, ~에게)'은 전치사로 중문과 새내기 시절의 저처럼 앞장서서 방향을 안내해주는 친절한 가이드입니다.

★ 一直往/向前走，然后在第二个路口往/向右拐。
Yìzhí wǎng/xiàng qián zǒu, ránhòu zài dì èr ge lùkǒu wǎng/xiàng yòu guǎi.
앞으로 직진하세요. 그 다음 두 번째 길목에서 우회전 하세요.

둘의 차이점은 '向 xiàng'이 훨씬 친절하다는 것입니다. 뒤에 동작의 방향뿐만 아니라 행동의 대상까지 가리킬 수 있습니다.

★ 他向我道歉。 그가 나에게 사과를 한다.
Tā xiàng wǒ dàoqiàn.

★ 我们要向他学习。 우리는 그에게서 배워야 한다.
Wǒmen yào xiàng tā xuéxí.

Episode 70

더는 안 속아

집 문제로 중국인에게 사기를 당한 적이 있습니다. 당시 새로운 룸메이트를 구하고 있었는데, 이중계약을 해놓고 일방적으로 취소 取消 qǔxiāo를 해 버리더군요.

속상한 마음에 또 다른 중국인 친구를 찾아가 하소연을 했습니다. 그런데 흥분한 나머지 '上当(속다)'이 이합사라는 것도 잊은 채 뒤에 목적어를 갖다 붙여 문법을 파괴해 버렸습니다.

다행히 엉망으로 말해도 제 말을 찰떡같이 알아듣는 친구인지라 자기가 도와주겠다며 진심으로 위로 安慰 ānwèi해주더군요.

비록 중국인에게 속았지만, 구멍 난 계약금을 빌려준 이도 중국인이었습니다.

중국인과의 인연 缘分 yuánfèn은 정말로 끊으려야 끊을 수가 없네요.

别再上当受骗了!
Bié zài shàngdàng shòupiàn le!
다시는 사기 당하지 마!

이합사(离合词)는 서로 이별했다가 다시 합쳐지곤 하는데, 하나의 뜻으로 연결되어 있어서 결국 헤어지려 해도 헤어지지 못하는 사이입니다. 이합사는 동목구조로 되어 있어서 뒤에 또 다른 목적어를 가지지 못합니다. '上当'은 '동사(上)+목적어(当)' 구조로 이루어진 이합사입니다. 따라서 '그에게 속았다'는 표현은 '上了他的当(그의 속임수에 걸렸다)'과 같이 분리하여 사용해야 합니다.

Please More Information

자주 쓰는 이합사

见面 jiànmiàn	만나다	我以前跟他见过面。 나는 이전에 그와 만난 적이 있다. Wǒ yǐqián gēn tā jiàn guo miàn.
睡觉 shuìjiào	잠자다	我中午睡了一大觉。 나는 오후에 잠을 실컷 잤다. Wǒ zhōngwǔ shuì le yí dà jiào.
生气 shēngqì	화를 내다	别生我的气。 저 때문에 화내지 마세요. Bié shēng wǒ de qì.
结婚 jiéhūn	결혼하다	他结了两次婚。 그는 두 번 결혼했다. Tā jié le liǎng cì hūn.
毕业 bìyè	졸업하다	她今年毕不了业。 그녀는 올해 졸업할 수 없다. Tā jīnnián bì bu liǎo yè.

Episode

71

강아지와 산책하기

어느 중국인 부부 집에 놀러갔을 때 저를 반겨 주는 강아지 小狗 xiǎogǒu 한 마리가 있었습니다.

그 강아지는 사회성이 부족해서 낯선 사람 陌生人 mòshēngrén을 보면 으레 짖고 공격하려 드는데 신기하게도 저를 잘 따르는 겁니다.

몇 달 후, 부부가 여행을 가면서 저에게 강아지를 일주일만 돌봐 달라고 부탁하길래 기꺼이 승낙했죠. 그래서 저녁마다 강아지 산책 散步 sànbù을 시켰는데, 지나가는 사람들을 보고 어찌나 으르렁대던지요.

며칠 뒤, 주인에게 전화로 잠시 산책나간 일을 보고했습니다.

'散步散步'라고 말했더니 말투가 귀엽다고 웃던데, 어떤 실수가 숨어 있을까요?

실수의 원인은 동사 중첩에 있었습니다. 일반적으로 단음절 동사 중첩은 AA식으로 '看 kàn(보다)'은 '看看 kànkan(좀 보다)'이 되고, 이음절 동사는 ABAB식으로 '商量 shāngliang(상의하다)'의 경우 '商量商量 shāngliang shāngliang(상의를 좀 하다)'이 됩니다. 동사를 중첩하면 '동작이 걸리는 시간이 짧고 시험 삼아 해본다'는 의미가 됩니다.

하지만 '散步 sànbù(산책하다)'는 '동사(散)＋목적어(步)'로 이루어진 이합사이기 때문에 중첩하려면 AAB식인 '散散步 sànsan bù'로 해야 합니다. 비슷한 예로 **聊聊天** liáoliao tiān(이야기를 좀 나누다), **洗洗澡** xǐxi zǎo(샤워를 좀 하다), **帮帮忙** bāngbang máng(좀 도와주다) 등이 있습니다.

형용사의 중첩

동사의 중첩이 동작을 가볍게 하는 반면, 형용사의 중첩은 정도를 심화하거나 묘사를 강조합니다.

① 단음절 형용사는 AA식으로 합니다.

★ **大大** dàdà 크디 큰   ★ **慢慢** mànmàn 느릿느릿, 천천히

② 이음절 형용사는 주로 AABB식으로 합니다.

★ **老老实实** lǎolaoshíshí 성실하다   ★ **干干净净** gānganjìngjìng 말끔하다

③ 상태를 묘사하는 형용사는 ABAB식으로 합니다.

★ **雪白雪白** xuěbái xuěbái 눈처럼 새하얗다
★ **通红通红** tōnghóng tōnghóng 새빨갛다

④ 부정적 의미의 형용사는 A里AB식으로 합니다.

★ **土里土气** tǔ li tǔqì 촌스럽다   ★ **糊里糊涂** hú li hútú 흐리멍덩하다

<table>
<tr>
<td>

</td>
<td>

바퀴벌레 퇴치 작전

</td>
</tr>
</table>

어느 날 기숙사로 돌아오니 룸메이트는 겁에 질려 있고 방은 난장판 乱七八糟 luànqī bāzāo이었습니다. 제가 없는 사이에 방에서 엄지손가락만 한 바퀴벌레 蟑螂 zhāngláng가 나왔다고 합니다.

룸메이트가 울상을 지으며 말했습니다.

杀了好几次……
Shā le hǎo jǐ cì ……

'한 마리를 몇 번이나 죽였다고? 참혹한 현장이었겠군.' 이렇게 생각하고 있었는데, 갑자기 창틀에서 큼지막한 바퀴벌레가 툭 튀어나왔습니다.

우리는 당황하지 않았습니다. 늘 그래왔듯이 먼저 룸메이트가 빗자루로 바퀴벌레를 구석으로 유인했고, 제가 재빠르게 약을 뿌려 완전히 저세상으로 보냈습니다.

뭐야, 아까 바퀴벌레 죽였다면서?

★ **杀了好几次，没杀死。** 여러 번 죽이려고 시도했는데, 못 죽였어.
　Shā le hǎo jǐ cì, méi shā sǐ.

룸메이트의 말을 듣고 깨달았습니다. '杀(죽이다)'라는 동사 하나로는 바퀴벌레의 생사 여부를 알 수 없다는 것을요. '了'는 여기서 죽이는 행위가 이루어진 것만 표시하므로, 바퀴벌레가 죽었는지 알기 위해서는 결과보어인 '死'가 있어야 합니다. 결과보어는 이렇게 동사 뒤에 붙어 동작의 결과를 보충해줍니다. 마치 2인조로 힘을 합쳐 바퀴벌레를 소탕한 저와 룸메이트 같지 않나요?

Please More Information

▌ 자주 쓰는 결과보어

见 jiàn	무의식적인 감지	我看见他了。　나는 그를 보았다. Wǒ kànjiàn tā le.
到 dào	목적의 달성	终于买到了票。　드디어 표를 샀다. Zhōngyú mǎidào le piào.
好 hǎo	동작의 완성	我做好了作业。　나는 숙제를 다 했다. Wǒ zuòhǎo le zuòyè.
懂 dǒng	이해하다	她听懂了老师的话。　그녀는 선생님의 말을 듣고 이해했다. Tā tīngdǒng le lǎoshī de huà.
完 wán	완성하다	他读完了这本书。　그는 이 책을 다 읽었다. Tā dúwán le zhè běn shū.
错 cuò	틀리다	你打错了电话号码。　너는 전화번호를 잘못 눌렀다. Nǐ dǎcuò le diànhuà hàomǎ.

Episode 73

조심스럽게 슬라이딩

핑핑이랑 대학교 캠퍼스 校园 xiàoyuán에서 만나기로 한 날이었습니다.

학생 식당에서 점심을 먹고 기숙사 宿舍 sùshè 방 구경을 시켜주겠다고 해서 따라갔습니다. 외국인 기숙사는 1인실 单人间 dānrénjiān 또는 2인실 双人间 shuāngrénjiān이었는데, 친구는 자그마치 8인실에 거주하고 있었습니다.

화장실 계단을 내려오다가 알림판이 보이길래 더듬더듬 읽어 내려갔습니다.

小心地⋯⋯滑? 조심스럽게 미끄러지세요?
Xiǎoxīn de ⋯⋯ huá?

이 때 중국 친구가 웃으면서 하는 말,

나도 다섯 살 때 그렇게 읽었어. 하하!

본래 '小心/地滑 xiǎoxīn dì huá'는 '바닥이 미끄러우니 조심하세요'라는 미끄럼주의 알림판입니다. 하지만 제가 끊어 읽기를 잘못해서 우스꽝스러운 말이 되어 버렸습니다. 마치 아버지 가방에 들어가신 것처럼요.

어법상 '的 de'는 명사를 꾸며주는 말과 명사 사이를 연결해주고, '地 de'는 동사를 꾸며주는 말과 동사 사이를 연결해주는 역할을 합니다. 그러므로 '小心地/滑'로 끊어 읽으면 '조심해서 미끄러지다'로 해석될 수 있습니다.

중국에서 생긴 일입니다.

호텔 화장실 세면대에 '고장내지 마세요'라고 쓰여 있길래 손님은 속으로 '나 같은 교양있는 사람이 망가뜨릴 일이 없잖아?'라고 생각하면서 조심스레 다뤘는데요. 수도꼭지를 틀자마자 물이 사방으로 튀어 온몸이 흠뻑 젖었다고 합니다.

만약 중간에 逗号(,)가 있었다면 이런 실수를 방지할 수 있었을 겁니다.

⭐ **不要用坏了。** 고장내지 마세요.
　Bú yào yònghuài le.

⭐ **不要用，坏了。** 사용하지 마세요. 고장 났어요.
　Bú yào yòng, huài le.

춤바람 났네

새로 사귄 중국 친구에게서 교내에 무도장 舞厅 wǔtīng이 있다는 정보를 입수했습니다.

원래 사교댄스 交际舞 jiāojiwǔ를 추는 광장인데, 화려한 조명에 어깨춤이 절로 나는 음악 音乐 yīnyuè이 있었습니다.

열댓 명이 갔는데 처음에는 다들 쑥스러워하더니 흥이 오르자 한두 명씩 막춤을 추기 시작했고 그렇게 한 바탕 춤판이 벌어졌습니다.

친구에게 춤을 잘 춘다고 말해주고 싶었는데 "*很好跳舞！"라고 하니까 역시나 못 알아듣더군요.

비록 서로 말은 안 통해도 춤은 언어 语言 yǔyán보다 강했습니다. 같이 춤을 춘 이후로 급속도로 친해져서 주말마다 무도장에 갔고, 한동안 춤바람에서 헤어 나오지 못했습니다.

동사 혹은 형용사 뒤에서 동작이나 상태가 어느 정도인지 보충해주는 성분을 정도보어라고 합니다. '춤을 잘 춘다'라는 말처럼 실력이나 수준을 평가할 때는 정도보어를 사용해야 합니다. 기본적으로 [동사 + 得 + 정도보어]의 형식을 취하며, 동사가 목적어를 가질 경우에는 동사를 한 번 더 반복하거나 목적어를 앞에 둡니다.

[(동사) + 목적어 + 동사 + 得 + 정도보어]

★ **跳舞跳**得**很好。** 춤을 잘 춘다.
　Tiàowǔ tiào de hěn hǎo.

★ **唱歌唱**得**不错。** 노래를 꽤 잘한다.
　Chànggē chàng de bú cuò.

★ **大卫说汉语说**得**不太好。** 데이빗은 중국어를 그다지 잘 못한다.
　Dàwèi shuō Hànyǔ shuō de bú tài hǎo.

★ **丽丽做菜做**得**非常好吃。** 리리는 요리를 아주 맛있게 한다.
　Lìli zuò cài zuò de fēicháng hǎochī.

내 사랑 하미과

한국에는 없고 중국에만 있는 과일 水果 shuǐguǒ이 있습니다.

바로 신장 新疆 Xīnjiāng 하미 哈密 Hāmì 일대에서 나는 꿀맛 나는 멜론, 하미과 哈密瓜 hāmìguā입니다.

학교 근처 과일 가게에서 하미과를 먹기 좋게 조각내어 판매했는데, 첫 입에 그 청량하고 달달한 매력 魅力 mèilì에 빠지게 되었습니다. 그날 이후 하루가 멀다 하고 그곳으로 하미과를 만나러 갔습니다.

작은 조각이 성에 안 차서 한 통을 통째로 사려하니, 과일 가게 주인이 다 먹을 수 있겠냐고 물으시더군요.

그러나 당시 귀만 트이고 말문은 막혀 있어서 달리 표현할 길이 없었습니다. 그저 하미과를 품에 꼭 안은 채 미소를 지으며 고개를 끄덕였습니다.

'다 먹을 수 있다'라고 표현하고 싶을 때는 가능보어를 사용합니다. 가능보어는 술어와 결과보어 또는 술어와 방향보어 사이에 '得'나 '不'를 써서 동작의 가능 또는 불가능을 나타냅니다. [동사(吃) + 결과보어(完)]를 가능보어로 나타내면 다음과 같습니다.

★ 我吃得完这个哈密瓜。 나는 이 하미과를 다 먹을 수 있다.
　Wǒ chī de wán zhè ge hāmìguā.

★ 这个哈密瓜太大了，一个人吃不完。 이 하미과는 너무 커서, 혼자서 다 먹을 수 없다.
　Zhè ge hāmìguā tài dà le, yí ge rén chī bu wán.

PMI　　Please More Information

▌'把'구문

만일 하미과를 '모조리 처치해 버릴 수 있다'고 말하고 싶다면요?

특정한 목적어를 어떻게 처치할 것인가에 대해 강조할 경우, '把'구문을 사용합니다. 주의할 점은 '把'구문의 동사 뒤에는 결과보어 등과 같이 처치한 결과를 나타내는 기타 성분이 필요하다는 것입니다. '光'을 보어로 사용하면 '조금도 남지 않는다'는 뜻을 나타낼 수 있습니다.

단, 가능보어는 동작의 가능 여부만 나타내므로 '把'구문에는 사용할 수 없습니다.

★ 我能把这个哈密瓜吃光。 나는 이 하미과를 다 먹어치울 수 있다.
　Wǒ néng bǎ zhè ge hāmìguā chīguāng.

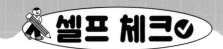

1 빈칸에 들어갈 답을 보기에서 골라 보세요.

보기   A 走 B 地 C 条 D 有 E 往 F 是 G 能 H 跟

例如   那 __F__ 我姐姐。

1   他正在_____路。그는 걷고 있다.

2   他_____你说对不起了。그가 너에게 미안하다고 했다.

3   我向他借了两_____裤子。나는 그에게 바지 두 벌을 빌렸다.

4   一直_____前走。곧장 앞으로 가세요.

5   这里_____很多衣服要买。여기 살 만한 옷이 많이 있다.

6   她不停_____问我同一个问题。그녀는 끊임없이 나에게 같은 질문을 한다.

7   她的嗓子不疼了，_____说话了。그녀는 목이 아프지 않아서 말을 할 수 있게 되었다.

Chapter 3

② 어법에 맞게 배열해 보세요.

1 上　在　我　路

_____ 。

2 老师　汉字　教　学生

_____ 。

3 我　见面　你　想　和

_____ 。

4 咱们　吧　散步　散　出去

_____ 。

5 爸爸　我　让　看　去　爷爷

_____ 。

6 了　准备　已经　好　我们

_____ 。

7 没　他　过　日语　从来　学

_____ 。

8 得　特别　唱歌　她　好　唱

_____ 。

9 你们　懂　看　得　吗　这本书

_____ ?

10 吃　了　小王　蛋糕　完　把

_____ 。

Chapter

민망한 문화편

♦ ♦ ♦

동물, 숫자, 색깔, 음식, 선물, 의복, 쇼핑 등 한중 문화 차이로 인해 난감했던 에피소드를 소개합니다. 언어에는 인간의 생활 습관과 문화가 총망라되어 있기 때문에 단지 언어 자체만을 학습하는 것으로는 부족합니다. 문화적 맥락까지 고려하여 굴욕에서 자유로워질 수 있도록 여러분의 중국어에 날개를 달아드리겠습니다.

<table>
<tr><td>Episode
76</td><td><h1 align="center">거북한 거북이</h1></td></tr>
</table>

하와이 夏威夷 Xiàwēiyí에 거주할 당시의 일입니다.

대만 친구의 생일을 맞아 거북이 인형 乌龟娃娃 wūguī wáwa을 선물 礼物 lǐwù로 주었습니다.

하와이에서 거북이는 친근한 동물로 관광지에 가면 거북이와 관련된 상품이 많습니다.

평소 인형을 좋아하는 친구를 생각해서 거금을 주고 사 왔건만. 거북이 인형을 들고 기념사진 纪念照 jìniànzhào을 찍자고 하니까 친구의 표정이 갑자기 어두워지더군요.

제가 혹시 실수라도 한 걸까요?

중국어, 실수해도 괜찮아!

한국에서 거북이는 행운과 장수를 상징하는 동물이지만, 중국 사람들은 약간 거북스럽게 여긴다고 합니다. 거북이와 자라의 속칭, 그리고 '자라의 알'을 뜻하는 중국어는 입에 담기 힘든 비속어로 쓰이기 때문입니다.

또한 대만에서 쓰이는 민남 방언에 '거북이를 들다(扛龟 gāngguī)'라는 표현은 '실패'를 의미하며, 특히 복권에 당첨되지 않았을 때 '거북이를 들었다'라고 합니다. 따라서 중국인에게 살아있는 거북이나 거북이 형상의 물건을 선물하는 것은 실례가 될 수도 있습니다.

Please More Information

동물의 세계

① 박쥐(蝙蝠 biānfú): 한국에서는 박쥐가 줏대 없는 사람에 비유되지만, 중국에서는 박쥐가 '遍地是福 biàndì shì fú(도처에 복이 있다)'를 연상시킨다고 합니다.

② 바다거북(海龟 hǎiguī): 중국에서는 해외에서 공부하고 돌아온 유학파를 바다거북이라고 부릅니다. 바다를 건너 다시 돌아왔다는 '海归 hǎiguī'와 발음이 유사해서 이러한 별칭이 생겼습니다.

③ 도마뱀(壁虎 bìhǔ): 중국 사람들은 안전을 기원하는 의미에서 자동차 뒤에 도마뱀 장식을 하거나 도마뱀 스티커를 붙입니다. 도마뱀의 중국어 발음은 '避祸 bì huò(화를 피하다)', '庇护 bìhù(보호하다)'와 비슷합니다.

선물 금지 리스트

스승의 날에 있었던 일입니다.

당시 중국어 선생님께 감사의 의미로 중국어 인사말과 함께 예쁜 양산 阳伞 yángsǎn을 선물로 드렸습니다.

老师，这是我的一点心意。 선생님, 제 작은 성의입니다.
Lǎoshī, zhè shì wǒ de yìdiǎn xīnyì.

양산을 선물로 드리니 뜻밖에도 이별 离别 líbié 선물이냐고 하시네요.

네? 이별이요?

발음이 같아서 다른 것을 연상하게 하는 해음 현상을 기억하시나요?(Episode 21 참고) 우산(伞 sǎn)이나 양산은 '散 sǎn(흩어지다)'과 발음이 같기 때문에 멀리하는 선물 중의 하나입니다. 우산이나 양산은 미신을 믿지 않는 가까운 친구에게는 선물해도 괜찮지만 격식을 차려서 하는 선물로는 피하는 것이 좋습니다.

Please More Information

선물 금지 리스트

① **탁상시계(钟 zhōng)**: 중국에서 탁상용 시계나 벽시계는 '죽음' 또는 '종말'을 뜻하는 '终 zhōng'과 발음이 같으며, '괘종시계를 선물하다'는 '送钟 sòng zhōng'이라고 하는데, 이것은 '送终 sòngzhōng(장례를 치른다)'을 연상시키므로 금기시합니다.

② **책(书 shū)**: 중국에서는 스포츠 경기 혹은 기타 경기에 참가할 사람에게 책을 선물하지 않습니다. '输 shū(승부에 지다)'와 발음이 서로 같기 때문입니다.

③ **신발(鞋 xié)**: 연인에게 신발을 선물하면 그 신발을 신고 도망간다는 미신을 믿으시나요? 중국에서도 신발이 '邪 xié(사악하다)'와 발음이 같아서 그다지 선호하지 않는 선물입니다.

④ **배(梨子 lízi)**: '배'의 중국어 발음은 '이별'을 뜻하는 '离 lí'와 발음이 같고, '배를 나누다(分梨 fēn lí)'는 '헤어지다(分离 fēnlí)'와 발음이 같아서 연인이나 부부간에 나눠 먹으면 헤어진다는 미신이 있습니다.

⑤ **사과(苹果 píngguǒ)**: 사과의 발음이 '平安 píng'ān(평안)'을 연상시키기 때문에 크리스마스 이브(平安夜 píng'ānyè)에 환영받는 선물입니다. 하지만 상하이에서는 '병사하다'라는 뜻을 가진 '病故 bìnggù'와 발음이 유사해서 기피한다고 합니다.

<table>
<tr>
<td>Episode
78</td>
<td>## 면생면사(面生面死)</td>
</tr>
</table>

중국 친구에게 식사 초대를 받은 적이 있습니다.

손님 客人 kèrén은 저를 포함해서 두 명뿐인데, 요리는 상다리가 휘어지도록 한 상 가득이었습니다. 맛있는 훠궈 火锅 huǒguō와 생선찜 清蒸鱼 qīngzhēngyú 요리가 있었고, 넉넉하게 대접하고자 하는 주인 主人 zhǔrén의 마음이 전해졌습니다.

그런데 주인이 징그러운 생선 머리를 제 쪽을 향해 두는 것이 아니겠어요? 생선 눈알이 째려보길래 뒤집어서 국물에 담가놓았습니다.

손님으로서 할 일은 음식을 남김없이 싹싹 먹어야죠. 결국 주는대로 먹다가 과식 暴饮暴食 bàoyǐn bàoshí으로 배탈이 나서 생고생을 했지만요.

吃饱了，再也吃不下了。
Chībǎo le, zài yě chī bu xià le.
배불러요. 더는 못 먹겠어요.

多吃一点！
Duō chī yìdiǎn!
많이 드세요!

중국인에게 생선은 귀빈에게 대접하는 특별한 음식입니다. 이는 중국의 해음 문화와 관련이 있는데, '鱼 yú'와 '넉넉함'을 뜻하는 단어 '余 yú'의 발음이 같기 때문입니다. 춘절에 생선을 먹는 이유도 일 년 내내 풍요롭고 여유로운 한 해(年年有余 niánnián yǒu yú)가 되길 바라는 마음에서라고 합니다. 또한 중국인은 생선을 뒤집지 않고 그대로 먹습니다. 중국어로 '뒤집다'는 '翻 fān'이라고 하는데, 한쪽 면을 발라 먹은 생선을 뒤집으면 마치 배가 뒤집힌 모습과 비슷하기도 해 진행중인 일이 엎어진다는 의미로 불길하게 여긴다고 합니다.

중국어에 '死要面子活受罪 sǐ yào miànzi huó shòu zuì(체면이 사람 죽인다)'라는 말이 있을 정도로 중국인은 체면에 죽고 체면에 삽니다. 중국인은 둘이서 식당에 가더라도 기본적으로 요리 서너 개를 주문합니다. 한국에서는 접대받은 손님이 음식을 남김 없이 먹는 것이 좋은데, 중국인에게 식사 초대를 받았을 때는 음식을 조금 남기는 것이 예의입니다. 남은 음식이 없으면 접대가 부족했다는 느낌을 준다고 합니다.

중국인의 체면을 살려주는 법

1. 칭찬은 공개적으로, 질책은 개별적으로 합니다.

2. 거절은 완곡하게 합니다.

3. 식사 대접을 받을 때 음식을 조금 남깁니다.
   아까우면 포장하면 됩니다.

4. 선물은 포장에도 신경을 씁니다.
   이왕이면 황금색이나 붉은색 포장지가 좋습니다.

알아두면 좋은 표현 🔍

✦ 爱面子 체면을 중시하다
   ài miànzi

✦ 给面子 체면을 세워주다
   gěi miànzi

✦ 有面子 체면이 서다, 생색나다
   yǒu miànzi

✦ 丢面子 체면이 깎이다
   diū miànzi

어서오세요, 호갱님

광저우 베이징루로 쇼핑하러 갔을 때 생긴 일입니다.

마음에 드는 흰색 스웨터 白色毛衣 báisè máoyī를 발견했습니다.

多少钱? 얼마예요?
Duōshao qián?

가격을 물어보니 점원이 어눌한 제 발음을 듣고 단번에 외국인 外国人 wàiguórén임을 알아챘나 봅니다. 계산기 计算器 jìsuànqì를 가지고 나와 '200'이라는 숫자를 찍어서 보여주었습니다. 200위안이면 당시 환율로 3만 원 정도였습니다. 지갑 钱包 qiánbāo을 꺼내는데 룸메이트가 나서더군요.

太贵了，能不能便宜点儿? 너무 비싸요. 조금 깎아주실 수 있나요?
Tài guì le, néng bu néng piányi diǎnr?

점원이 이번에는 계산기에 '100'을 입력해서 보여주었습니다. 세상에 이럴 수가! 싸게 해달라는 말 한마디 했을 뿐인데, 순식간에 가격이 반토막이 났습니다.

能再便宜点儿吗? 좀 더 깎아주시면 안 될까요?
Néng zài piányi diǎnr ma?

점원과의 끈질긴 협상 끝에 결국 30위안에 낙찰! 휴우~ 룸메이트가 없었다면 바가지를 쓸 뻔했네요!

팩트체크

중국에서는 쇼핑 장소에 따라 가격 흥정이 필요하기도 합니다. 정찰제 상점이 아닌 시장이나 일반 상점에서는 주인이 부르는 게 값이 되기도 하고, 손님과 주인 사이에 치열한 흥정이 벌어지기도 합니다.

Please More Information

▌ 호갱을 피하는 쇼핑 3대 수칙

첫째, '货比三家 huò bǐ sān jiā', 즉 물건을 구매할 때 반드시 세 군데 이상 가격을 비교하며 시세를 파악합니다.

둘째, 가성비를 따져보고 구매합니다. 상품의 질도 좋고 가격도 합리적인 것을 중국어로 '物美价廉 wù měi jià lián'이라고 하며, 가성비가 좋다고 할 때는 '性价比高 xìngjiàbǐ gāo'라고 합니다.

셋째, 마음에 드는 물건이 있다 하더라도 내색하지 않고 흥정을 시작합니다. '讨价还价 tǎojià huánjià'는 '값을 흥정하다'라는 뜻인데, 가격을 놓고 판매자와 구매자가 실랑이를 벌이는 장면을 묘사합니다.

★ **A:** 这个可以打折吗?　이거 할인되나요?
　　Zhè ge kěyǐ dǎzhé ma?

B: 三件七折。　세 개 사면 30% 할인이요.
　　Sān jiàn qī zhé.

Episode
80

녹색 모자의 비밀

중국 친구 세 명과 명동 明洞 Míngdòng으로 쇼핑을 갔습니다.

당시 H 모 브랜드에서 5만 원 이상 구매하면 모자를 사은품 赠品 zèngpǐn으로 주는 행사를 진행하고 있었습니다.

중국 친구가 사은품으로 받을 모자의 색상을 고르고 있는데, 괜히 오지랖을 부리다가 본의 아니게 실수를 했습니다.

중국 남자에게 녹색 모자를 추천 推荐 tuījiàn해준 것입니다.

친구는 굉장히 억울한 눈빛으로 저를 쳐다보더군요. 다른 두 친구가 황급히 손사레를 치며 외쳤습니다.

绿帽子不行! 녹색 모자는 안 돼!
Lǜmàozi bù xíng!

중국인과 만날 때, 녹색 모자를 착용했다가는 자칫 웃음거리가 될 수 있습니다. '戴绿帽子 dài lǜmàozi'에는 '아내가 바람이 났다'라는 뜻이 숨어있기 때문입니다. 이것은 오래전 기생의 가족을 일반인과 구별하기 위해 녹색 두건을 쓰게 했던 것과 명(明)나라 때 기생집의 주인에게 녹색 두건을 쓰게 한 데서 유래했다고 합니다.

★ **A:** 他为什么离婚? 그 사람 왜 이혼해요?
Tā wèi shénme líhūn?

B: 听说他老婆给他戴绿帽子了。 듣기로는 아내가 바람을 피웠대요.
Tīngshuō tā lǎopo gěi tā dài lǜmàozi le.

Please More Information

색(色)이 가지는 의미

红色 hóngsè	중국 대표 색, 행운	红人 빨간 사람(= 인기 있는 사람)
黄色 huángsè	황제의 색, 선정적	黄色小说 노란 소설(= 음란 소설)
绿色 lǜsè	건강, 환경친화적	绿色食品 녹색 식품(= 친환경 식품)
白色 báisè	죽음	办白事 하얀 일을 하다(= 장례를 치르다)
黑色 hēisè	불법, 사악	黑社会 검은 사회(= 조직폭력배)
灰色 huīsè	퇴폐적인, 우울한	灰心 회색 마음(= 낙담하다)

Episode 81	훙빠오의 추억

훙빠오 红包 hóngbāo 하면 홍콩 출신 헬렌 아주머니가 생각납니다.

제게 보통화 普通话 pǔtōnghuà 지도를 받으셨던 분입니다.

같이 공부한 지 한 달째 되던 날, 아주머니께서 웬 부적을 주시는 겁니다.

금박으로 한자가 어지럽게 쓰여있는 시뻘건 종이였습니다.

조심스레 뭐냐고 물었더니, 과외비 家教费 jiājiàofèi를 넣으셨다고 합니다.

부적인 줄 알고 사양하려 했다니까 아주머니께서 깔깔 웃으시더군요.

아, 이게 말로만 듣던 훙빠오구나.

홍빠오는 중국에서 돈을 넣는 붉은 봉투를 말합니다. 붉은색은 예로부터 액운을 막아주고 부귀영화를 부른다고 생각하여 행운의 상징으로 여겨져 왔습니다.

저는 홍빠오가 세뱃돈 전용인 줄 알았는데, 명절뿐만 아니라 생일, 이사, 결혼식, 입학식, 졸업식 등 좋은 일이 있을 때 모두 사용합니다. 최근에는 스마트폰으로도 홍빠오를 주고받을 수 있습니다.

축의금은 빨간 봉투에 짝수로, 조의금은 흰색 봉투에 홀수로 넣는 것을 기억해 두세요. 기쁜 일이 겹치기를 바라며 선물의 개수나 송금액을 짝수로 하고, 안 좋은 일은 한 번으로 끝나기를 바라는 마음에서 홀수로 하는 것입니다.

★ **A:** 新年快乐！ 红包拿来！ 새해 복 많이 받으세요! 홍빠오 주세요!
Xīnnián kuàilè! Hóngbāo nálái!

B: 网上发红包了。 온라인 홍빠오 보냈어.
Wǎngshang fā hóngbāo le.

홍빠오 보낼 때 쓰기 좋은 말

大吉大利 dàjí dàlì	모든 일이 순조롭길
步步高升 bùbù gāoshēng	나날이 발전하시길
笑口常开 xiàokǒu chángkāi	늘 웃음이 가득하시길
吉祥如意 jíxiáng rúyì	모든 일이 순조롭고 뜻대로 되시길
心想事成 xīnxiǎng shìchéng	뜻하는 바 이루시길
新婚快乐 xīnhūn kuàilè	결혼을 축하합니다
乔迁之喜 qiáoqiān zhīxǐ	이사/승진을 축하합니다

Episode 82

지명이 사람 잡네

한국에 경기도 광주와 전라도 광주가 있듯이 중국 지명 地名 dìmíng도 헷갈리는 곳들이 있습니다.

그중 하나가 '陕西 shǎnxī(산시)'와 '山西 shānxī(산시)'입니다.

후스 胡适 Hú Shì의 소설 《차부뚸선생전(差不多先生传)》에서는 주인공이 근접해 있는 두 성 省 shěng이 거기서 거기 아니냐며 넉살을 피우는 내용이 나옵니다.

사소하지만 대충 적당하게 넘어가다가는 언제 위기가 닥칠지 모른답니다.

제가 실수했던 지명은 '지난대학'입니다.

어학연수를 마치고 돌아온 저는 공개석상에서 대표로 중국 생활에 관한 설명회를 진행했습니다. 어떤 후배가 광저우 내 HSK 시험장에 대해 물었는데, '暨南大学 Jìnán dàxué'를 '济南大学 Jǐnán dàxué'라고 말하는 바람에 교수님의 빈축을 사게 되었습니다.

첫 번째 대학은 광둥성 광저우시에 있지만, 두 번째 대학은 산둥성 지난시에 위치하고 있습니다.

중국어 시험을 보기 위해 중국 남방에서 북방까지 가라고요? 지명이 사람 잡게 생겼네요!

중국은 2개의 특별행정구, 4개의 직할시, 5개의 자치구, 22개의 성으로 나누어져 있습니다.

중국 지도를 자세히 보면 닭 모양과 닮았습니다. 닭이 울거나 앞으로 이동할 때 중심 역할을 하는 곳이 목부분입니다. 닭 목에 위치한 곳이 바로 중국의 수도이자 정치·문화의 중심지인 베이징입니다. 닭의 배는 상당히 불룩한데 여기가 오늘날 경제·금융의 중심지인 상하이입니다. 닭다리 부분에는 국제 무역의 교량 역할을 하는 광둥성이 있습니다. 닭발 부분에는 관광객들의 발걸음이 끊이지 않는 홍콩, 마카오 특별행정구가 위치해 있습니다. 닭날개 외곽 부분에는 소수민족들이 거주하는 5개의 자치구가 있습니다. 닭의 머리 부분에는 지린성, 랴오닝성, 헤이룽장성이 있고 이를 동북 3성이라고 부릅니다.

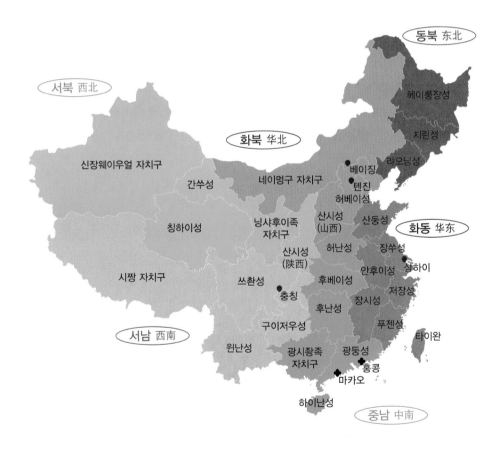

치파오가 준 굴욕

중국 기숙사 옆에 '쯔징위안'이라는 고급 식당이 있었습니다.

그곳의 종업원들은 치파오 旗袍 qípáo를 입고 근무했는데 여자가 봐도 반할 정도로 예쁘더군요.

그날 밤, 종업원에게 빌려온 치파오를 입고 패션쇼를 했습니다.

이상하게도 직접 입어 보니 밑단은 질질 끌리고, 헐렁헐렁해 강시 僵尸 jiāngshī가 따로 없었습니다. 그 종업원이 저보다 키가 크고 풍만한 체형이었다는 것을 간과했던 것입니다.

중국어학과 신년 행사에서 두 번째로 치파오를 입을 기회가 생겼습니다.

같은 과 친구가 여벌의 치파오가 있다길래 냉큼 빌려 입었습니다. 그 치파오는 간신히 맞긴 했지만, 힘을 주면 행여나 옷이 터지진 않을까 행사 내내 노심초사했던 기억이 납니다. 치파오를 빌려준 친구가 저보다 작고 마른 체형이었다는 것을 간과했던 것입니다.

치파오가 준 두 번의 굴욕은 다름 아닌 '몸매 身材 shēncái 굴욕'이었습니다.

치파오는 청나라를 세운 만주족 치런(旗人 Qírén)이 입던 창파오(长袍 chángpáo)에서 유래하였지만, 한족의 사랑을 받으면서 점차 중국을 대표하는 복식으로 자리매김하였습니다. 원래는 남녀 모두가 입는 품이 넉넉하고 기장이 긴 의복이었지만 현재는 슬림해진 원피스 형태의 여성복을 지칭합니다. 치파오는 몸에 딱 맞는 형태로 곡선을 살리면서도 치마에 옆트임을 주어 여성미와 실용성을 강조하는 것이 특징입니다. 그러나 역시 한국인에게는 입기에 편하고 체형의 단점을 완벽하게 가려주는 우리나라 한복이 최고랍니다!

★ **A: 旗袍变瘦了，怎么办！** 치파오가 작아졌어, 어떡하지!
　　Qípáo biàn shòu le, zěnme bàn!

　B: 不是衣服瘦了，是你胖了。 옷이 작아진 게 아니라 네가 살찐 거야.
　　Bú shì yīfu shòu le, shì nǐ pàng le.

<table>
<tr>
<td>Episode
84</td>
<td><h1>테이블 암호</h1></td>
</tr>
</table>

중국 광둥에 있는 식당에 한국 친구들과 처음 갔을 때 겪었던 일입니다.

종업원이 테이블 桌子 zhuōzi을 돌며 찻잔 茶杯 chábēi에 차를 따라줄 때 손님들이 돌아가며 손으로 테이블을 두드리는 겁니다.

뭐지? 암호인가?

자세히 보니 검지 食指 shízhǐ와 중지 中指 zhōngzhǐ를 가지런히 모아서 찻잔 앞 테이블을 가볍게 '톡 톡' 두세 번 두드리는 겁니다.

무슨 뜻인지는 모르겠지만 기다렸다가 똑같이 따라 해봤습니다.

일행들이 궁금하다는 듯이 저를 쳐다보더군요, 하하!

알고 보니 광둥 지역에서 상대방이 자신의 잔에 차나 술을 따라줄 때 고맙다는 말 대신 테이블을 가볍게 두드려서 고마움을 표시하는 것이었습니다.

건륭황제가 비밀 암행을 하던 시절에 찻집에서 차를 마시다가 수행한 신하에게 차를 따라 주었는데 신하는 황제가 주는 찻잔을 앉은 자세로 받을 수도 없고, 무릎을 꿇어 예를 갖출 수도 없었기에 황급히 감사의 표현으로 손으로 테이블을 두드렸다는 데서 유래했다고 합니다.

⭐ **A: 别人倒茶时，为什么用手指敲桌子?**
Biéren dào chá shí, wèi shénme yòng shǒuzhǐ qiāo zhuōzi?
다른 사람이 차를 따를 때, 왜 손가락으로 테이블을 두드리는 거야?

B: 为了表示感谢。
Wèile biǎoshì gǎnxiè.
감사를 표하려고.

식당 종업원이 차를 끊임없이 따라주길래 저와 일행은 차를 그만 마시겠다는 의미로 단체로 찻잔을 엎어 놓았습니다. 나중에 알게 된 사실인데 중국에서 차나 술을 마실 때는 잔이 비기 전에 첨잔을 하는 것이 예의라고 합니다.

잔을 완전히 비우고 따라주는 한국의 습관과는 확연히 다르죠?

Episode 85

금붕어 키우냐?

중국 친구를 만났는데 예정에 없던 회식 聚餐 jùcān이 생겨서 얼떨결에 중국인 모임 聚会 jùhuì에 합류하게 되었습니다.

그들은 직장 동료 사이이고 저는 처음 보는 사람들이었습니다. 새로운 사람이 왔다고 환영주 欢迎酒 huānyíngjiǔ를 마시자고 제안했습니다.

다들 맥주잔 啤酒杯 píjiǔbēi에 술을 가득 채우며 외쳤습니다.

干了, 干了! 干杯!   마셔, 마셔, 원샷!
Gān le, gān le! Gānbēi!

문제는 제가 술을 안 마셔서 마시는 시늉만 하고 그대로 내려 놓았는데, 한 친구가 금붕어 金鱼 jīnyú 키우냐고 묻더군요. 다들 웃는데 저만 멍하니 있었습니다.

난 고양이 小猫 xiǎomāo 키우는 집사인데 갑자기 웬 금붕어 타령이야.

알고 보니 술 마시는 속도가 느리거나 시원하게 마시지 않고 밑 잔을 까는 행위를 보고 물고기를 키우냐고 묻는 것이었습니다. 술이 가득 담긴 술잔을 어항에 비유하여 재치 있게 술을 권하는 표현입니다.

건배(干杯 gānbēi)는 말그대로 '잔을 비우다'라는 뜻입니다. 각자 주량에 따라 원샷하고 싶으면 '干了 gān le', 각자 마시고 싶은 만큼 마실 때는 '随意 suíyì'라고 하면 됩니다.

★ **A: 你养鱼呢？你的酒量多少？**
　　Nǐ yǎng yú ne? Nǐ de jiǔliàng duōshao?
　　물고기 키워요? 주량이 어떻게 되세요?

B: 我是个滴酒不沾的人，让我以水代酒。
　　Wǒ shì ge dī jiǔ bù zhān de rén, ràng wǒ yǐ shuǐ dài jiǔ.
　　술을 한 방울도 입에 안 대는 사람입니다. 물로 술을 대신할게요.

알아두면 좋은 표현 🔍

⟳ 滴酒不沾　술을 한 모금도 입에 안 대다
　 dī jiǔ bù zhān

⟳ 以水代酒　물로 술을 대신하다
　 yǐ shuǐ dài jiǔ

중국에는 낮잠 午睡 wǔshuì 문화가 있습니다.

점심을 먹고 여유가 있으면 기숙사에서 잠시 눈을 붙이기도 했습니다.

처음에는 이상한 습관 习惯 xíguàn이라 생각했는데, 익숙해지니 정신이 맑아져 오후 수업에 활기를 불어넣는 기분이 들었습니다.

그리고 이 낮잠의 질을 최대치로 올려줬던 것이 바로 태극권 太极拳 tàijíquán 수업이었습니다.

태극권 수업 시간은 매주 수요일 11시.

수업을 마치면 바로 점심시간이었는데, 땡볕에서 태극권을 배우며 땀을 흘리고 먹는 점심은 꿀맛이었고, 바로 이어지는 낮잠은 꿀보다 더 달콤했습니다.

하지만 모든 일에는 장단점이 있는 법.

수요일 오후 수업은…… 그냥 실컷 꿀잠을 자고 성적을 포기했습니다.

태극권은 중국 권법 중 하나로 전통 무술에서 지금은 중국의 국민운동이 되었고, 전 세계적으로도 장수운동으로 알려져 있습니다. 태극권 수업을 통해서 배운 건 다름 아닌 낮잠 문화가 얼마나 소중한가였습니다. 만일 중국인에게 전화하거나 사무실에 방문하려 한다면 낮잠을 잘 가능성이 있는 정오 시간은 피하는 것이 좋습니다.

★ **A:** 午休时间打太极拳有什么好处?　점심시간에 태극권하면 뭐가 좋아?
　　Wǔxiū shíjiān dǎ tàijíquán yǒu shénme hǎochù?

B: 上课的时候，能睡得很香。　수업 시간에 꿀잠을 잘 수 있어.
　　Shàngkè de shíhou, néng shuì de hěn xiāng.

Episode
87

신발 사이즈 250mm

유학생 강 모 씨는 중국 신발가게 鞋店 xiédiàn에서 쇼핑을 하다가 매장 직원과 싸움이 날 뻔했다고 합니다.

자신의 신발 사이즈 鞋号 xiéhào를 말했을 뿐인데, 직원이 정색하며 싸늘한 눈초리를 보냈다고 합니다.

다행히 외국인인 걸 눈치채고 너그럽게 이해하고 넘어가 주었다고 합니다.

혹시 신발 사이즈가 250mm인 분이 계시다면 치수를 직접 말하지 마시고, 중국식 사이즈인 40호를 주문하시길 바랍니다.

멍청이!

'얼바이우(二百五 èrbǎi wǔ)'에 대해 들어보셨나요? 전국시대 제나라 왕은 아끼던 인재 소진을 잃자 복수할 묘책을 짜냈습니다. 소진이 역적이었다는 소문을 내고 그를 암살한 영웅에게 천 냥을 주겠다고 말입니다. 그것도 모르고 250냥씩 나눠가지려던 4명의 자객이 자백하여 처형을 당했습니다. 이때부터 '二百五'가 바보의 대명사가 되었다고 합니다. 중국에서 가격을 흥정하거나 치수를 말할 때 '250'이라는 숫자는 피하는 것이 좋겠습니다.

중국인이 좋아하는 숫자

중국인들은 숫자에 의미를 부여하고 좋아하는 숫자와 기피하는 숫자를 구분합니다.

'9(九 jiǔ)'는 '久 jiǔ'와 발음이 같아서 '영원하다'는 의미를 상징합니다. '6(六 liù)'는 '流 liú'와 발음이 유사해서 '물 흐르듯이 순조롭다'는 의미를 지닙니다. 중국인들이 가장 좋아하는 숫자는 뭐니 뭐니 해도 머니(money)와 관계가 깊은 '8'입니다. 중국어 발음 '八 bā'가 '(돈을) 벌다'라는 의미의 '发 fā'와 비슷해서 부를 가져다준다고 믿기 때문입니다. 아시다시피 베이징 올림픽 개막 시간은 2008년 8월 8일 8시였습니다. 8이 많이 들어간 차량 번호판은 차보다 비싼 값에 팔립니다.

반면, '4(四 sì)'는 우리나라와 마찬가지로 '죽을 사(死 sǐ)' 자와 발음이 같기 때문에 불길하다고 여깁니다. '3(三 sān)'은 '흩어지다'의 '散 sàn'과 발음이 같고, '7(七 qī)'은 '화가 난다'의 '生气 shēngqì'를 연상시키기에 그다지 선호하지 않습니다.

<table>
<tr><td>Episode
88</td><td># 알로하 샤카샤카</td></tr>
</table>

중국 친구의 부모님이 하와이 크루즈 투어 邮轮旅游 yóulún lǚyóu를 갔을 때 일입니다.

친구 부모님이 항구 港口 gǎngkǒu에 도착했을 때 한 직원이 환영 欢迎 huānyíng의 의미로 하와이 전통에 따라 꽃목걸이를 걸어주고 하와이식 손인사를 해주었습니다.

엄지손가락 大拇指 dàmǔzhǐ과 새끼손가락 小指 xiǎozhǐ은 펴고 나머지 세 손가락은 접은 후 흔드는 동작을 '샤카(shaka)'라고 하며, 근심은 잊고 느긋한 하루를 보내라는 사랑이 담긴 인사말입니다.

하지만 하와이에 처음 방문한 친구 부모님은 어리둥절하며 팁 小费 xiǎofèi으로 6달러를 건넸다고 합니다.

왜 이런 상황이 벌어진 걸까요?

팩트체크

샤카샤카 손동작은 하와이에서 환영의 의미로 쓰이는데, 중국에서는 숫자 '6(六 liù)'을 나타냅니다. 친구 부모님이 팁 6달러를 건넨 이유이기도 합니다. 이 손동작은 '대단하다'라는 의미를 표현하기도 합니다. 중국어로 '소(牛 niú)'에는 '대단하다'라는 뜻이 있는데, '6'과 '소'의 발음이 비슷한 데서 유래되었습니다.

PMI Please More Information

▌손으로 숫자 나타내기

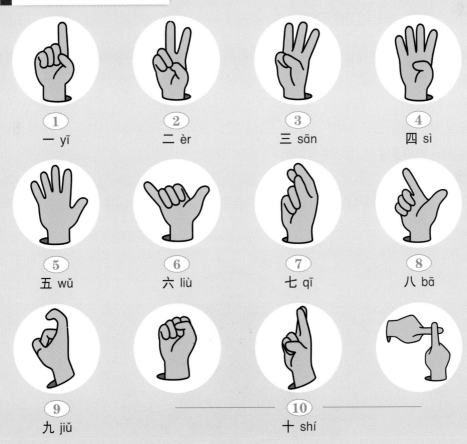

① 一 yī 　　② 二 èr 　　③ 三 sān 　　④ 四 sì

⑤ 五 wǔ 　　⑥ 六 liù 　　⑦ 七 qī 　　⑧ 八 bā

⑨ 九 jiǔ 　　⑩ 十 shí

* 숫자 0은 '零 líng'이라고 합니다.

포청천은 흑인?

90년대에 인기리에 방영되었던 드라마 电视剧 diànshìjù '판관 포청천'을 아시나요?

포청천 包青天 Bāoqīngtiān(999-1062)은 북송시대의 실존 인물로 백성들의 억울한 사정을 속 시원하게 풀어준 사이다 명판관이었습니다.

청천 青天 Qīngtiān은 호이고 본명은 포증 包拯 Bāo Zhěng입니다. 훗날 사람들은 그를 포공 包公 Bāogōng이라고 칭하며 존경심을 표했다고 합니다.

극 중 포청천은 숯장수처럼 시커먼 얼굴 脸 liǎn에, 이마 额头 étóu에는 범상치 않은 초승달 모양 月牙形 yuèyáxíng의 흉터가 있는 것이 특징입니다.

이 때문에 어릴 적 제가 다니던 초등학교에서는 포청천이 흑인 黑人 hēirén이라는 소문이 돌았습니다.

우습게도 저 또한 그렇게 믿었답니다.

작두를 대령하라!

포청천은 태닝도 안 했고 흑인은 더더욱 아닙니다. 드라마 속 얼굴 분장은 그의 영웅적인 면모를 부각시키기 위해 설정된 것뿐입니다. 검은 얼굴은 전통 연극에 사용됐던 '검보(脸谱 liǎnpǔ)'에서 기원을 찾을 수 있습니다. 검보는 경극에서 일부 배역들의 진한 얼굴 분장을 일컫는데, 등장인물의 성격이나 특징을 파악할 수 있는 중요한 장치입니다. 그중 검은 얼굴은 공명정대하고 냉철하게 일을 처리하는 인물을 표현합니다.

Please More Information

▌검보와 성격

빨간색은 관우처럼 충성스럽고 용감함을,
검은색은 포청천과 장비처럼 강직하고 지혜로움을,
노란색은 조조처럼 흉악하고 잔인한 성격을,
흰색은 교활하고 간사한 성격을,
보라색은 강직하고 침착한 성격을,
파란색은 용맹하고 오만한 성격을,
초록색은 고집스럽고 급한 성격을 나타내고,
금색과 은색은 신성한 존재를 상징합니다.

쏘쿨한 중국인

기숙사에서 설거지 洗碗 xǐ wǎn를 하다가 부주의해 접시 碟子 diézi를 깨뜨렸습니다.

아침부터 접시가 깨져서 불길한 예감이 들었습니다. 멀리서 그릇 깨지는 소리를 듣고 다가온 중국 친구가 저에게 하는 말.

늘 평안 平安 píng'ān하라나 뭐라나.

그런데 하필 그 접시는 제가 아끼던 명품 그릇이었고, 속상해서 고개만 푹 숙이고 있었는데, 중국인 친구가 이렇게 말하는 게 아니겠어요?

새것 사면 된다고.

뭐야, 지금 그걸 위로 安慰 ānwèi라고 하는거니?

'碎碎平安 suìsuì píng'ān'과 '岁岁平安 suìsuì píng'ān(해마다 평안하기를 기원합니다)'은 발음이 같습니다. '그릇을 깨다'는 뜻의 '碎'와 '해'를 뜻하는 '岁'가 해음이기 때문에 물건을 깨뜨려도 마음의 평안을 얻을 수 있습니다. 처음에는 위로를 안 해줘서 섭섭했는데 알고 보니 불길함을 길함으로 바꾸는 중국인 나름의 위로 방식이었던 것입니다.

또한 '旧的不去，新的不来。Jiù de bú qù, xīn de bù lái.'는 '오래된 물건을 버린 후에야 새로운 물건을 살 수 있고, 오래된 것이 없어져야 새로운 것이 생긴다'는 뜻입니다. 중국인의 낙관적인 사고가 훤히 드러납니다. 암요, 모든 일은 마음먹기 나름이지요.

기숙사에서 젖은 손으로 전기 오븐을 만지다가 감전을 당한 적이 있습니다. 순간 핏줄이 터질듯한 느낌이 나면서 풀썩 주저앉았습니다.

하마터면 죽을 뻔했다고 호들갑을 떨며 중국 친구에게 말했더니 대수롭지 않다는 듯이 하는 말.

★ **大难不死，必有后福。** 큰 재난 속에서도 죽지 않았으니, 반드시 복이 올 거야.
  Dànàn bù sǐ, bì yǒu hòufú.

Chapter
5

아찔한 SNS 실수편

◆ ◆ ◆

SNS상에서 오타로 인해 의미가 완전히 달라지거나 한자 이모티콘, 인터넷 용어, 언어가 사용되는 문맥을 이해하지 못해서 발생한 실수담을 공유합니다. 여기서 실수 예방 주사 한 대 맞고 가시면, 여러분은 중국어를 더욱 건강하게 학습할 수 있을 것입니다.

어디서 친한 척이야

11월 11일은 블랙프라이데이 光棍节 guānggùnjié. 중국 직구 사이트 直购网站 zhígòu wǎngzhàn에서 전자제품 电子产品 diànzǐ chǎnpǐn을 구매하려고 판매자에게 연락을 취했습니다.

분명 처음 대화하는 사이인데 갑자기 '자기야~'라고 부르는 겁니다. '언제 봤다고 친한 척이지?', '다른 목적이 있는 건 아닐까?' 오만 가지 생각이 들더군요. 결국 거래를 취소해 버렸습니다.

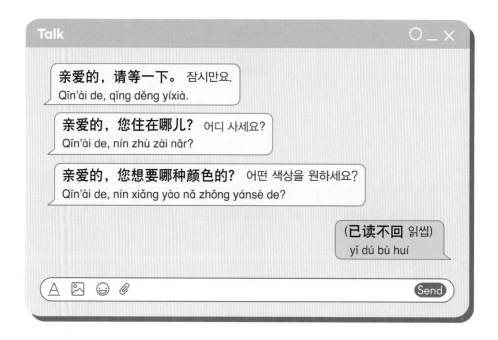

Talk   ○ _ ✕

亲爱的，请等一下。 잠시만요.
Qīn'ài de, qǐng děng yíxià.

亲爱的，您住在哪儿? 어디 사세요?
Qīn'ài de, nín zhù zài nǎr?

亲爱的，您想要哪种颜色的? 어떤 색상을 원하세요?
Qīn'ài de, nín xiǎng yào nǎ zhǒng yánsè de?

(已读不回 읽씹)
yǐ dú bù huí

Ⓐ 🖼 😊 📎   Send

'亲爱的 qīn'ài de'는 주로 연인 사이 혹은 친한 여자 친구들 사이에서 호칭으로 사용하는데, SNS상에서 '고객님'을 부르는 호칭으로도 사용됩니다. 꼭 가까운 관계가 아니더라도 동료에게 사무적으로도 사용 가능한 호칭입니다.

출강 수업 중에 한 학생은 저를 '李先生 Lǐ xiānsheng(미스터 리)'이라고 부르고, 다른 학생은 친구에게 저를 '我的先生 wǒ de xiānsheng(내 남편)'이라고 소개하더군요. '先生'은 중국에서 선생님이 아니라 성인 남자에 대한 존칭으로 쓰이며, 때론 남편을 지칭하기도 합니다. 앞으로는 저를 '李老师 Lǐ lǎoshī(이 선생님)'라고 불러주시면 감사하겠습니다.

혹시 중국어 호칭으로 인해 실수한 경험이 있으신가요? 상대를 어떻게 호칭할지 막막하다면 지혜롭게 이 방법을 써 보세요.

⭐ **我怎么称呼你呢?** 당신을 어떻게 불러야 하나요?
Wǒ zěnme chēnghu nǐ ne?

나 원래 젊거든?

당시 스무 살이었던 중국 친구가 앞머리 刘海儿 liúhǎir를 잘랐다고 자랑하길래 사진 照片 zhàopiàn을 보여달라고 부탁했습니다.

과연 친구는 짧은 앞머리가 잘 어울리고 훨씬 앳돼 보이더군요.

칭찬 한 마디 해주었더니 의외로 새침한 반응을 보이는 게 아니겠어요?

Talk ○ _ ✕

> 看起来更年轻。 더 젊어 보이네.
> Kànqilai gèng niánqīng.

> 哼，我本来就年轻啊。 흥, 나 원래 젊거든.
> Hng, wǒ běnlái jiù niánqīng a.

🅰 🖼 ☺ 📎   Send

팩트체크

'**看起来年轻** kànqilai niánqīng'은 '젊어 보인다'는 말로 비교적 연령대가 있는 분에게 잘 보이고 싶을 때 아부하며 사용하는 표현입니다. 절대적인 젊음을 소유하고 있는 20대에게는 어울리지 않습니다. 이럴 때는 '어려 보인다'는 뜻인 '**显小** xiǎn xiǎo'를 쓰면 됩니다.

에피소드

'**看起来老样子** kànqilai lǎo yàngzi'는 '늙어 보인다'는 말이 아닙니다. 오랜만에 만난 친구에게서 이 말을 듣고 얼굴이 삭았다는 줄 알고 기분이 언짢았는데, 알고 보니 '원래 모습 그대로'라는 뜻이더군요. '**老**'에는 '늙다', '오래되다'라는 뜻 외에도 '본래의'라는 뜻이 있습니다.

★ **我在老地方等你。** 늘 만나던 곳에서 기다릴게.
　 Wǒ zài lǎo dìfang děng nǐ.

<table>
<tr><td>Episode</td><td rowspan="2"># 지옥 같았던 이틀</td></tr>
<tr><td>93</td></tr>
</table>

대학 졸업반 시절, 컴퓨터 관련 무역회사 해외영업부에서 근무했던 경험이 있습니다.

주로 전화나 메일로 중국 현지 공장의 간부들과 직접 소통하는 업무를 담당했습니다.

어느 날 바이어 客户 kèhù들에게 한국 방문 일정 访问日程 fǎngwèn rìchéng에 대해서 물으니 이런 말을 남겼습니다.

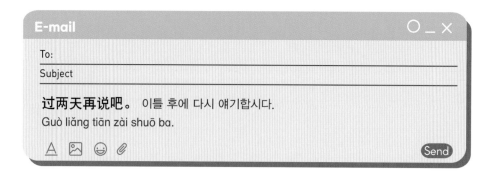

E-mail ○ _ ✕

To:

Subject

过两天再说吧。 이틀 후에 다시 얘기합시다.
Guò liǎng tiān zài shuō ba.

Ａ 🖼 ☺ 📎 Send

이틀 후에 연락이 올 거라고 보고했는데, 이게 웬일이죠? 이틀은커녕 사흘이 지나도 연락이 안 오는 겁니다. 그렇게 며칠 간을 초조하게 기다렸습니다. 일주일 째가 되는 날, 그들이 메일을 보내왔더군요. 방문 일정을 미루게 되었다고요.

참나, 이틀 있다가 연락한다면서 일주일이 지났는데 정말 태연하네!

팩트체크

중국인들과 의사소통을 하며 그들이 말하는 '이틀'을 곧이곧대로 믿으면 안 된다는 사실을 깨달았습니다. 정확히 이틀이 아니라 사흘이나 나흘이 될 수도 있고 막연한 나중이 될 수 있습니다. 어쩌면 체면을 중시하는 중국인의 완곡한 거절의 표현일 수도 있습니다.

에피소드 ➕

한 번은 친구가 한국에 방문한다길래 필자의 집에서 하루 묵는 게 어떻겠냐고 물어봤는데 돌아오는 대답은 다음과 같았습니다.

⭐ **我会好好儿考虑的。**　잘 생각해볼게.
　　Wǒ huì hǎohāor kǎolǜ de.

이 말은 상당히 긍정적으로 들리지만 전형적인 거절 표현 중 하나입니다. 필자는 그것도 모르고 손님을 맞을 채비를 했습니다.

비슷한 예로 중국인들은 직접적으로 '죄송합니다, 힘들 것 같습니다.'라고 말하기보다는 아래와 같이 보다 공손하고 간접적인 화법을 선호합니다.

⭐ **我一定尽力，但我还不能保证。**　최선을 다하겠습니다만, 확신할 수는 없습니다.
　　Wǒ yídìng jìnlì, dàn wǒ hái bù néng bǎozhèng.

1일 1식 노하우

당시 체중 감량은 물론 건강 健康 jiànkāng까지 챙길 수 있다는 1일 1식 一日一餐 yírì yícān 열풍이 불던 시기였습니다.

중국 친구에게 요즘 하루에 한 끼만 먹는 다이어트를 하고 있다고 했는데, 응원은 고사하고 웃기만 하는 겁니다.

'쳇! 다이어트하는 게 비웃을 일이야?'

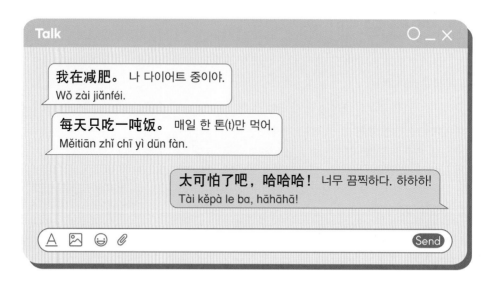

Talk ○ _ ×

我在减肥。 나 다이어트 중이야.
Wǒ zài jiǎnféi.

每天只吃一吨饭。 매일 한 톤(t)만 먹어.
Měitiān zhǐ chī yì dūn fàn.

太可怕了吧，哈哈哈！ 너무 끔찍하다. 하하하!
Tài kěpà le ba, hāhāhā!

Ⓐ 🖼 ☺ 📎   Send

문자를 보낼 때 자동완성기능으로 인해 '一顿饭(밥 한 끼)'을 '一吨饭(밥 한 톤)'으로 전송하였습니다. 오타 한 글자 때문에 다이어트를 하는 사람이 순식간에 푸드파이터로 바뀌게 된 것입니다.

'吨 dūn'은 톤(ton)의 음역어이고, 1,000kg을 뜻하는 양사입니다. '顿 dùn'은 권고, 구타, 질책, 식사 등의 횟수에 쓰이는 양사입니다.

중국 인터넷 종합 쇼핑몰에서 구매 문의 도중에 실제로 발생한 일입니다.

★ **你们有尸体店吗?** 시체 파는 매장이 있나요?
  Nǐmen yǒu shītǐdiàn ma?

구매자가 '오프라인 매장(实体店 shítǐdiàn)'이 있냐고 물었는데, 한 글자 때문에 '시체 파는 매장(尸体店 shītǐdiàn)'으로 바뀌었습니다. 결국 답변은 오지 않았다고 합니다.

오타가 이렇게 무섭습니다.

Episode
95

일광욕이 필요해

하와이 유학 시절, 휴일 休息日 xiūxirì을 맞이하여 중국 친구와 와이키키 해변 海边 hǎibiān에 놀러 갔습니다.

관광객 游客 yóukè처럼 바닷가에서 사진도 찍고 다들 추천하는 해산물 海鲜 hǎixiān 레스토랑에서 점심도 먹고 저녁에는 불꽃놀이 烟花 yānhuā도 구경했습니다.

꿈만 같은 하루였습니다.

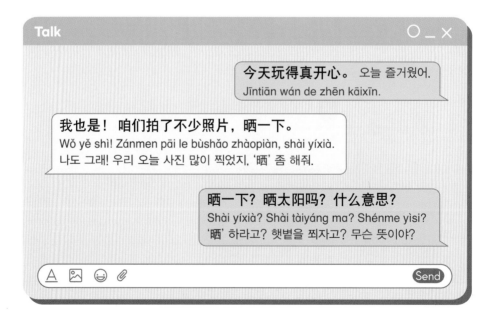

Talk ○ _ ✕

> 今天玩得真开心。 오늘 즐거웠어.
> Jīntiān wán de zhēn kāixīn.

> 我也是! 咱们拍了不少照片，晒一下。
> Wǒ yě shì! Zánmen pāi le bùshǎo zhàopiàn, shài yíxià.
> 나도 그래! 우리 오늘 사진 많이 찍었지, '晒' 좀 해줘.

> 晒一下? 晒太阳吗? 什么意思?
> Shài yíxià? Shài tàiyáng ma? Shénme yìsi?
> '晒' 하라고? 햇볕을 쬐자고? 무슨 뜻이야?

A 🖼 😊 📎 Send

친구는 오늘 찍은 바닷가 사진과 불꽃놀이 사진을 공유해 달라는 의미였는데 이를 못 알아들었습니다. '晒 shài'는 영어 'share'를 음역한 것으로 주로 인터넷상에서 쓰이는 용어입니다. 원래는 '햇볕을 쬐다', '햇볕에 말리다'라는 의미가 있습니다.

영어 음역어

酷	[kù]	쿨(cool), 훌륭하다, 멋지다
吧	[bā]	바(bar) 예 网吧 wǎngbā 인터넷 카페, 酒吧 jiǔbā 서양식 술집
秀	[xiù]	쇼(show)
博客	[bókè]	블로그(blog)
黑客	[hēikè]	해커(hacker)
沙发	[shāfā]	소파(sofa)
幽默	[yōumò]	유머(humor)
粉丝	[fěnsī]	팬(fans)
芝士	[zhīshì]	치즈(cheese)
T恤	[T xù]	티셔츠(T-shirts)
的士	[dīshì]	택시(taxi)
巴士	[bāshì]	버스(bus)
轰趴	[hōngpā]	홈파티(homeparty)
烘培鸡	[hōngpéijī]	홈페이지(homepage)
马杀鸡	[mǎshājī]	마사지(massage)

Episode
96
이모티콘이 된 한자

툭하면 집 열쇠를 두고 다니던 룸메이트와 문자 短信 duǎnxìn로 나눴던 대화가 재미있어서 공유합니다.

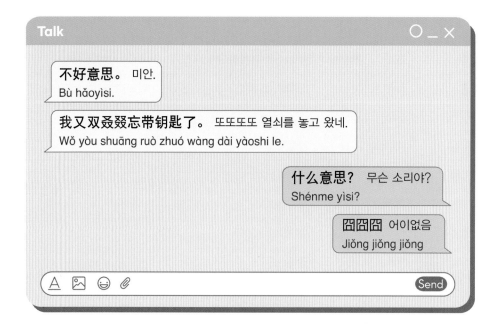

'又双叒叕 yòu shuāng ruò zhuó'가 사자성어인 줄 알았는데 인터넷 신조어였습니다. '又'는 '또, 다시' 라는 뜻을 가진 부사인데, 두 겹, 세 겹, 네 겹 글자를 사용하여 어떤 일이 거듭되어 발생하는 것을 강조 합니다. 같은 맥락으로 '火炎焱燚 huǒ yán yàn yì'는 불길이 점차 거세지는 모습을 생동감 있게 그려 냅니다.

이모티콘을 중국어로 '표정 부호(表情符号 biǎoqíng fúhào)'라고 합니다. 말 그대로 부호로 감정이나 정보를 그대로 전달할 수 있습니다. '囧 jiǒng'은 중국 네티즌에게 오랫동안 사랑받아온 한자 이모티콘 입니다. 본래 창문의 모양을 본뜬 고대 상형 문자로 '빛나다'라는 뜻인데, 그 모양이 눈살을 잔뜩 찌푸 린 사람 얼굴과 닮았다 해서 '우울한', '슬픈', '난감한', '말이 안 나오는' 등의 뜻으로 해석됩니다.

공동묘지 옆 914호

방학동안 머물 곳이 급히 필요해서 집을 보러 갔습니다. 와이키키 해변 근처 마린색 아파트 公寓 gōngyù 914호. 고층이라 바람도 잘 통하고 시야가 탁 트여서 햇빛도 잘 듭니다. 개인 방도 따로 있고 화장실도 넓고 깨끗합니다. 이렇게 좋은 조건 条件 tiáojiàn인데 현 시세의 절반 가격이라니······

그런데 한 가지 마음에 걸리는 게 있어서 중국 친구에게 의견을 물어봤습니다.

'幺 yāo'는 본래 '항렬이 낮은 막내'라는 뜻으로, 숫자 1 대신 쓰이는 글자입니다. 특히 방 번호, 차량 번호, 전화 번호 등 중요한 숫자를 말할 때는 '一 yī'와 '七 qī'의 혼동을 피하기 위해 일반적으로 1을 'yāo'로 읽습니다. 따라서 110 범죄 신고 전화는 'yī yī líng'이 아니라 'yāo yāo líng'으로 읽습니다.

나중이 되어서야 중국 친구가 어째서 '914 jiǔ yāo sì'호를 만류했는지 알게 되었습니다. 하필 '就要死 jiù yào sǐ', 즉 '곧 죽을 것이다'라는 뜻이 연상되더군요. 거기에 공동묘지 뷰까지 더해져 공포는 극대화됩니다. 대낮에는 괜찮았는데 비 오는 날 밤에는 정말 무서워 죽는 줄 알았습니다.

Please More Information

SNS 숫자 암호

5201314	我爱你一生一世。 평생 널 사랑해. Wǒ ài nǐ yìshēng yíshì.	
9494	就是，就是。 맞아, 맞아. Jiùshì, jiùshì.	
7456	气死我了。 화나 죽겠어. Qì sǐ wǒ le.	
918	加油吧! 힘내! Jiāyóu ba!	
886	拜拜啦! 잘 가! Báibái la!	
687	了不起。 대단해. Liǎobuqǐ.	
530	我想你。 보고싶어. Wǒ xiǎng nǐ.	
56	无聊。 심심해. Wúliáo.	

Episode 98	별다줄

대학원생 研究生 yánjiūshēng이었을 때 학부 신입생 룸메이트와 살게 되었습니다.

그 친구와는 열 살 차이임에도 불구하고 사이가 좋았는데, 메신저로 소통할 때는 세대 차이 代沟 dàigōu를 실감하곤 했습니다.

어느 날 저녁, 룸메이트 생각이 나서 저녁밥을 해줄까 물었더니 그 친구가 외계어를 써서 보낸 겁니다.

哎呀，你表酱紫啦！
Āiyā, nǐ biǎo jiàngzǐ la!

당혹스러워서 곧바로 전화를 거니 친절하게 설명해 주더군요. 외계어의 정체는 바로 이것이었습니다.

哎呀，你不要这样子啦！ 에이, 그러지 마!
Āiyā, nǐ bú yào zhèyàngzi la!

참나, 별걸 다 줄이네!

인터넷 유행어를 해석하지 못해서 의사소통에 지장이 생겼습니다. '不要 bú yào'를 '表 biǎo'로, '这样子 zhèyàngzi'를 '酱紫 jiàngzǐ'로 줄이면 신선하고 구어적으로는 전혀 무리가 없지만 마치 외계어처럼 보입니다. 인터넷 유행어의 세계는 무궁무진하지만 유행하다 사라지는 말들이 많으니 지면상의 제한으로 할많하않.

＊할많하않: 할 말은 많지만 하지 않겠습니다.

SNS 채팅 용어

초성 문자만을 나열한 ㅇㅋ, ㄴㄴ와 같이 중국에도 한어병음의 앞 글자만 취해서 만든 채팅 용어가 있습니다.

GG	哥哥	오빠
JJ	姐姐	언니
PLMM	漂亮妹妹	예쁜 여동생
xxs	小学生	초등학생
hhh	哈哈哈	하하하
GXGX	恭喜恭喜	축하 축하
pfpf	佩服佩服	리스펙트
xswl	笑死我了	웃겨 죽겠다
nsdd	你是对的	네 말이 맞아
bdjw	不懂就问	모르면 물어봐
pyq	朋友圈	위챗의 모멘트
yyds	永远的神	대박, 어나더레벨

Episode 99	회개록

이 실수는 제가 저지른 실수 중에 가장 큰 실수라 회개 悔改 huǐgǎi하는 마음으로 써 내려가고자 합니다.

교회에 처음 방문한 중국인에게 문자를 보냈습니다. 원래 하려던 말은 이랬습니다.

相信耶稣就会得救。 예수를 믿으면 구원을 얻습니다.
Xiāngxìn Yēsū jiù huì déjiù.

하지만 부주의한 탓으로 오타가 발생했습니다.

하필 한 글자 때문에 새로운 문장이 만들어졌습니다.

相信耶稣就会得罪。 예수를 믿으면 죄를 짓습니다.
Xiāngxìn Yēsū jiù huì dézuì.

아, 제가 왜 그랬을까요. 주여! 저를 용서하소서.

'님'이라는 글자에 점 하나를 붙이면 '남'이 되듯이 점 하나로 인해 대(大)통령이 견(犬)통령이 될 수도 있습니다.

'得救 déjiù'는 '구원을 받다'라는 뜻이지만 '得罪 dézuì'는 '(남에게) 미움을 사다', '죄를 짓다'라는 뜻입니다. 중국인은 저의 문자 메시지를 받고 화들짝 놀랐다고 합니다. 문장의 뜻을 바꿔 놓을 정도로 한 글자의 위력이 정말 대단하지 않나요?

모범생이 되고 싶었던 저는 중국어 작문 시간에 부수 하나 때문에 문제 학생으로 전락한 사건이 있었습니다.

성어 '品学兼优 pǐnxué jiān yōu(품행과 학업이 모두 우수하다)'에서 마지막 글자의 부수인 '亻(사람인변)'을 '忄(심방 변)'으로 실수로 바꿔 썼더니 '品学兼忧 pǐnxué jiān yōu(품행과 학업이 모두 걱정스럽다)'가 되었습니다.

결국 모범생과 문제 학생도 한 끗 차이였네요.

1 문제를 읽고 맞으면 'O', 틀리면 'X'를 표시하세요.

1 거북이는 장수의 상징으로 중국에서 환영받는 동물이다. ( )

2 중국 친구에게 생일 선물로 초록색 모자를 선물한다. ( )

3 선생님은 '**先生**'이라고 정중히 호칭한다. ( )

4 '**亲爱的**'는 친한 사이에서도 사무적으로도 모두 사용 가능하다. ( )

5 검보에서 하얀 얼굴은 밝고 정직한 이미지를 지닌 인물을 상징한다. ( )

6 치파오는 예로부터 한족의 전통 의상이었고, 원래는 소매가 넓고 길었다. ( )

7 차를 더 달라고 할 때는 손으로 테이블을 톡톡 두드리면 된다. ( )

8 250은 중국인이 좋아하는 숫자로 '사랑한다'는 뜻이다. ( )

9 중국인에게 축의금을 보낼 때는 빨간 봉투에 넣고, 금액을 짝수로 한다. ( )

10 '**囧**'은 고대 상형 문자로 우울하다는 의미의 이모티콘으로 쓰인다. ( )

② 다음은 해음(谐音) 현상에 관한 내용입니다. 그 이유를 설명해 보세요.

1 새해에 닭과 생선을 먹는다.

→ _____

2 자동차에 도마뱀 장식을 한다.

→ _____

3 숫자 8을 좋아한다.

→ _____

4 연인이나 부부 사이에 배를 나눠 먹지 않는다.

→ _____

5 경기를 앞둔 선수에게 책을 선물하지 않는다.

→ _____

6 벽시계를 선물하지 않는다.

→ _____

7 그릇을 깨면 '碎碎平安'이라고 말한다.

→ _____

8 숙소를 예약할 때 514호와 914호를 꺼린다.

→ _____

셀프 체크 ✓ 정답 및 해설

Chapter 1

정답

1. A 2. A 3. B 4. A 5. A
6. B 7. B 8. A

해설

1. A 熊猫 xióngmāo 판다
   B 胸毛 xiōngmáo 가슴털 ▶Episode 01

2. A 腥 xīng 비리다
   B 行 xíng 대단하다 ▶Episode 02

3. A 眼睛 yǎnjing 눈
   B 眼镜 yǎnjìng 안경 ▶Episode 08

4. A 联系 liánxì 연락하다
   B 练习 liànxí 연습하다 ▶Episode 08

5. A 游泳 yóuyǒng 수영하다
   B 有用 yǒuyòng 유용하다 ▶Episode 08

6. A 韩语 Hányǔ 한국어
   B 汉语 Hànyǔ 중국어 ▶Episode 04

7. A 乖 guāi 말을 잘 듣다
   B 怪 guài 이상하다 ▶Episode 06

8. A 误会 wùhuì 오해하다
   B 舞会 wǔhuì 무도회 ▶Episode 08

정답

1. A 2. B 3. B 4. A

해설

1. Qǐngwèn, huǒchēzhàn zěnme zǒu?
   저기요, 기차역은 어떻게 갑니까?
   A 请问 Qǐngwèn 말 좀 물읍시다
   B 请吻 Qǐng wěn 키스해 주세요 ▶Episode 13

2. Zuìjìn tiānqì liángkuài duō le.
   요즘 날씨가 많이 선선해졌다.
   A 两块 liǎng kuài 2위안
   B 凉快 liángkuài 시원하다 ▶Episode 09

3. Nǐ yìbān jǐ diǎn shuìjiào?
   평소에 몇 시에 주무세요?
   A 水饺 shuǐjiǎo 물만두
   B 睡觉 shuìjiào 잠자다 ▶Episode 10

4. Shàngxià lóutī qǐng zhùyì ānquán!
   계단을 오르내릴 때 조심하시길 바랍니다!
   A 楼梯 lóutī 계단
   B 裸体 luǒtǐ 알몸 ▶Episode 13

정답

1. B 2. C 3. C 4. B

해설

1. 🔍 음료에 넣어 먹는 얼음은 '冰块(儿) bīngkuài(r)'이라고 하며, '有冰吗? Yǒu bīng ma?'는 '有病吗? Yǒu bìng ma?(미쳤어요?)'와 발음이 같아서 상대방이 욕으로 오해할 수 있습니다.
   A 加冰吧。 얼음 넣어주세요.
   C 有冰水吗? 얼음물 있어요?
   D 有没有冰块儿? 얼음 있어요? ▶Episode 05

2. 🔍 '功夫 gōngfu'는 중국 '무술'을 뜻하며, 광동어 발음은 'Kungfu(쿵푸)'에 가깝습니다.
   A 四十 sìshí
   B 牛奶 niúnǎi
   D 纸巾 zhǐjīn ▶Episode 15 ▶Episode 19

3. 🔍 보통화에는 '기[gi], 키[ki], 히[hi]'라는 발음이 없고, 이를 '지[ji], 치[qi], 시[xi]'가 대신하고 있습니다. 또 [v]에 해당하는 음운이 존재하지 않아서 [v]를 [w]로 대체하여 발음합니다.
   A 기타 jítā
   B 쿠키 qūqí
   D 라스베이거스 Lāsīwéijiāsī ▶Episode 18

4. 画 huà가 동사 '그리다'이고, 画儿 huàr가 명사 '그림'입니다. ▶Episode 20

Chapter 2

1

정답

1. C　　2. F　　3. A　　4. B　　5. E
6. D　　7. G　　8. A　　9. B　　10. D
11. C　　12. F　　13. E

해설

1. 给大家 C 介绍 一下，这是我的爱人。
   Gěi dàjiā jièshào yíxià, zhè shì wǒ de àirén.
   소개할게요, 이 사람은 제 배우자입니다. ▶Episode 47

2. 明天我有一个很重要的 F 约会，改天吧。
   Míngtiān wǒ yǒu yí ge hěn zhòngyào de yuēhuì, gǎitiān ba.
   내일 중요한 데이트 약속이 있어, 다른 날로 하자. ▶Episode 29

3. 哥哥考试得了第一名，我真为他 A 骄傲。
   Gēge kǎoshì dé le dì yī míng, wǒ zhēn wèi tā jiāo'ào.
   형이 시험에서 1등을 했어. 정말 자랑스러워. ▶Episode 25

4. 现在机票很 B 紧张，根本买不到。
   Xiànzài jīpiào hěn jǐnzhāng, gēnběn mǎi bu dào.
   지금 비행기표가 부족해서 도저히 구할 수 없다. ▶Episode 26

5. 老板总是跟我发脾气，我对他很有 E 意见。
   Lǎobǎn zǒngshì gēn wǒ fā píqì, wǒ duì tā hěn yǒu yìjiàn.
   사장님은 늘 나에게 화를 내서서, 나는 그에게 불만이 많다.
   ▶Episode 31

6. 你 D 方便 的时候，请你吃饭。
   Nǐ fāngbiàn de shíhou, qǐng nǐ chīfàn.
   편한 시간에 식사 대접할게요. ▶Episode 35

7. 弟弟走进来 G 兴奋 地说："明天就放假啦！"
   Dìdi zǒu jìnlái xīngfèn de shuō: "Míngtiān jiù fàngjià la!"
   남동생이 들어와서 흥분하며 말하길, "내일 방학이야!"
   ▶Episode 30

8. 一座小房子售价600万元，简直是 A 狮子大开口 !
   Yí zuò xiǎo fángzi shòujià liùbǎi wàn yuán, jiǎnzhí shì shīzi dà kāi kǒu!
   작은 집 한 채를 600만 위안에 판매하다니, 정말 부르는 게 값이군!
   🔍 터무니없이 높은 가격을 요구하는 행위를 중국인들은 '사자가 입을 크게 벌리는 것'에 비유합니다. ▶Episode 41

9. 他高考成绩不好，但 B 走后门 上大学了。
   Tā gāokǎo chéngjì bù hǎo, dàn zǒu hòumén shàng dàxué le.
   그는 수능 성적이 좋지 않지만 뒷문으로 대학에 들어갔다.
   🔍 관계를 이용하여 입학하거나 취직할 때 '뒷문으로 들어간다'고 비유합니다. ▶Episode 42

10. 别小看她，她可不是 D 吃素 的。
    Bié xiǎokàn tā, tā kě bú shì chīsù de.
    그녀를 얕보지 마라, 절대로 호락호락하지 않다.
    🔍 '채식하지 않는다'는 말은 '호락호락하지 않다'는 뜻으로 쓰입니다. 육식하는 사람은 채식주의자에 비해 성격이 난폭하다고 생각해서 생긴 비유 표현입니다. ▶Episode 44

11. 公务员是一个 C 铁饭碗，因为工作稳定，福利待遇也很好。
    Gōngwùyuán shì yí ge tiěfànwǎn, yīnwèi gōngzuò wěndìng, fúlì dàiyù yě hěn hǎo.
    공무원은 철밥통이다. 안정적인 직업이고, 복지도 좋기 때문이다.
    🔍 '철밥통'은 '철로 만들어서 튼튼하고 깨지지 않는 밥통'이라는 뜻으로, '해고의 위험이 적고 안정적인 직업'을 비유적으로 이르는 말입니다. ▶Episode 45

12. 学习外语要坚持努力，不能 F 三天打鱼，两天晒网 。
    Xuéxí wàiyǔ yào jiānchí nǔlì, bù néng sān tiān dǎ yú, liǎng tiān shài wǎng.
    외국어 공부는 계속 노력해야지 작심삼일 해서는 안 된다.
    🔍 공부나 일을 인내심을 가지고 꾸준히 하지 못할 때 '사흘간 고기를 잡고, 이틀간 그물을 말린다'고 표현합니다.
    ▶Episode 53

13. A: 真烦! 我男友有很多异性朋友。

Zhēn fán! Wǒ nányǒu yǒu hěn duō yìxìng péngyou.

짜증나! 남자 친구한테 이성 친구가 너무 많아.

B: 你是不是 E 吃醋 了?

Nǐ shì bu shì chīcù le?

너 질투하니?

🔍 '吃醋 chīcù'는 '질투하다, 시기하다'라는 뜻이 있는데, 주로 남녀 관계에 많이 쓰입니다. 남을 부러워하는 감정은 '羡慕 xiànmù'로 표현할 수 있습니다. ▶Episode 43

정답

1. 快餐店

麦当劳 Màidāngláo		KFC
星巴克 Xīngbākè		스타벅스
肯德基 Kěndéjī		맥도날드
汉堡王 Hànbǎowáng		피자헛
必胜客 Bìshèngkè		서브웨이
赛百味 Sàibǎiwèi		버거킹

2. 汽车

宝马 Bǎomǎ		페라리
奔驰 Bēnchí		아우디
奥迪 Àodí		벤츠
法拉利 Fǎlālì		BMW

3. 服装

香奈儿 Xiāngnàiér		루이비통
路易威登 Lùyìwēidēng		샤넬
普拉达 Pǔlādá		프라다
耐克 Nàikè		나이키

Chapter ❸

정답

1. A **2.** H **3.** C **4.** E **5.** D
6. B **7.** G

해설

1. 他正在 A 走 路。

Tā zhèngzài zǒu lù.

그는 길을 걷고 있다.

🔍 '走'는 '가다' 외에도 '걷다'라는 뜻이 있습니다.

▶Episode 60

2. 他 H 跟 你说对不起了。

Tā gēn nǐ shuō duìbuqǐ le.

그가 너에게 미안하다고 했다.

🔍 '누구에게 말하다'라는 표현은 '说' 앞에 '~에게'라는 뜻을 가진 전치사가 와야 하므로 '跟'이 답이 됩니다.

▶Episode 59

3. 我向他借了两 C 条 裤子。

Wǒ xiàng tā jiè le liǎng tiáo kùzi.

나는 그에게 바지 두 벌을 빌렸다.

🔍 바지나 치마처럼 구부릴 수 있는 긴 물건을 세는 양사는 '条'입니다. 이처럼 명량사는 지시대사나 수사와 결합하여 명사를 꾸며주는 역할을 합니다. ▶Episode 68

4. 一直 E 往 前走。

Yìzhí wǎng qián zǒu.

곧장 앞으로 가세요.

🔍 '往 wǎng(~쪽으로)'은 방향을 나타내는 전치사입니다. 전치사는 단독으로 의미를 나타내지 못하고 명사와 결합하여 술어를 수식해 줍니다. ▶Episode 69

5. 这里 D 有 很多衣服要买。

Zhè li yǒu hěn duō yīfu yào mǎi.

여기 살 만한 옷이 많이 있다.

🔍 동사 '有'가 쓰인 연동구조입니다. 첫 번째 동사로 '有'가 쓰이면 이때 '有'의 목적어는 뒤의 동사와 다양한 의미 관계를 갖습니다. 예를 들면, 동작의 대상, 조건, 원

인 등의 의미 관계를 나타낼 수 있습니다. 부정은 '有' 앞에 '没'를 부가하며, 해석은 문장의 뒤에서부터 해야 합니다. ▶Episode 67

6. 她不停 B 地 问我同一个问题。

Tā bùtíng de wèn wǒ tóng yí ge wèntí.

그녀는 끊임없이 나에게 같은 질문을 한다.

🔍 동사 술어와 이를 수식하는 말은 '地 de'로 연결합니다. 그러므로 '끊임없이 묻는다'를 중국어로 표현하려면 '地'가 필요하고, '地'의 뒤에는 반드시 동사가 옵니다. ▶Episode 73

7. 她的嗓子不疼了, G 能 说话了。

Tā de sǎngzi bù téng le, néng shuōhuà le.

그녀는 목이 아프지 않아서 말을 할 수 있게 되었다.

🔍 능력이 회복되어 할 수 있게 된 경우는 조동사 '能'을 씁니다. ▶Episode 64

정답

1. 我在路上。　　**2.** 老师教学生汉字。
3. 我想和你见面。　　**4.** 咱们出去散散步吧。
5. 爸爸让我去看爷爷。　**6.** 我们已经准备好了。
7. 他从来没学过日语。　**8.** 她唱歌唱得特别好。
9. 你们看得懂这本书吗?　**10.** 小王把蛋糕吃完了。

해설

1. 我在路上。

Wǒ zài lù shang.

나는 가는 중이다.

🔍 중국인은 '가고 있다'를 '길 위에 있다'라고 표현합니다. '去'는 진행태에 쓸 수 없는 동사입니다. ▶Episode 62

2. 老师教学生汉字。

Lǎoshī jiāo xuésheng Hànzì.

선생님은 학생에게 한자를 가르친다.

🔍 '告诉', '教', '问', '给', '送', '找', '借' 등은 이중목적어를 취할 수 있습니다. ▶Episode 59

예시1 我问老师一个问题。

Wǒ wèn lǎoshī yí ge wèntí.

선생님께 질문 하나 할게요.

예시2 我找你10块钱。

Wǒ zhǎo nǐ shí kuài qián.

10위안을 거슬러 드릴게요.

3. 我想和你见面。

Wǒ xiǎng hé nǐ jiànmiàn.

나는 너와 만나고 싶어.

🔍 '见面'은 '동사(见) + 목적어(面)' 구조로 이루어져 있는 이합동사입니다. 이합사는 동사 자체가 동목구조를 이루기 때문에 뒤에 목적어를 가지지 못합니다. 따라서 만나는 대상은 전치사(和)와 함께 동사 앞에 위치하며, 조동사(想)는 전치사 앞에 위치합니다. ▶Episode 70

4. 咱们出去散散步吧。

Zánmen chūqù sànsan bù ba.

우리 나가서 산책 좀 하자.

🔍 '散步(산책하다)'는 '동사(散) + 목적어(步)'로 이루어진 동사이기 때문에 앞의 동사 성분만 중첩하여 '散散步'가 됩니다. ▶Episode 71

5. 爸爸让我去看爷爷。

Bàba ràng wǒ qù kàn yéye.

아빠가 나에게 할아버지를 뵈러 가라고 하셨다.

🔍 '让(~하도록 하다)'은 사역의 의미를 가지고 있으며, '我'는 첫 번째 동사의 대상이자 두 번째 동사의 주어입니다. 연동문에서는 동작이 행해지는 순서대로 동사(구)가 연이어 나옵니다. ▶Episode 66

6. 我们已经准备好了。

Wǒmen yǐjīng zhǔnbèi hǎo le.

우리는 이미 준비를 다 했다.

🔍 결과보어는 동사 뒤에 붙어 동작의 결과를 보충 설명해 줍니다. 여기서 '好 hǎo'는 결과보어로 동작이 완성됐거나 만족스러운 상태가 되었음을 나타냅니다. ▶Episode 72

7. 他从来没学过日语。

Tā cónglái méi xué guo Rìyǔ.

그는 여태껏 일본어를 배워 본 적이 없다.

🔍 이 문장에서 동사는 '学 xué' 입니다. 동태조사 '过 guo'는 동사 뒤에서 과거의 경험을 나타내 줍니다. 경험의 부정은 '没 méi'를 사용합니다. '从来 cónglái(여태껏)'는 부사로, 주로 '从来不……', '从来没(有)……过'의 형태로 쓰입니다. 마지막에는 목적어에 해당하는 명사가 옵니다. ▶Episode 63

셀프 체크 ✓ 정답 및 해설

8. 她唱歌唱得特别好。

Tā chànggē chàng de tèbié hǎo.

그녀는 노래를 매우 잘 부른다.

🔍 정도보어가 쓰인 문장에서 구조조사 '得'의 위치를 찾는 문제입니다. 정도보어는 '술어＋得＋정도보어'의 구조로 쓰입니다. 동사가 중복되므로 '得'를 두 번째 동사 뒤에 놓아야 합니다. ▶Episode 74

9. 你们看得懂这本书吗?

Nǐmen kàn de dǒng zhè běn shū ma?

너희는 이 책을 보고 이해할 수 있니?

🔍 가능보어는 술어와 결과보어 또는 술어와 방향보어 사이에 '得'나 '不'를 써서 동작의 가능 또는 불가능을 나타냅니다. ▶Episode 75

看懂	看得懂	看不懂
동사 ＋ 결과보어	가능보어의 긍정형	가능보어의 부정형
보고 이해하다	보고 이해할 수 있다	보고 이해할 수 없다

10. 小王把蛋糕吃完了。

Xiǎo Wáng bǎ dàngāo chīwán le.

샤오왕은 케이크를 다 먹었다.

🔍 주어＋把＋목적어＋술어＋기타성분

주어가 특정한 목적어를 어떻게 처치할 것인가, 혹은 어떻게 처치했는가를 강조할 경우, '把'구문을 사용합니다. '주어(小王)＋把＋특정 목적어(蛋糕)＋술어(吃)＋기타성분(完了)'으로 구성됩니다. ▶Episode 75

Chapter 4 5

①

정답

1. X 2. X 3. X 4. O 5. X
6. X 7. X 8. X 9. O 10. O

해설

1. 🔍 한국에서는 거북이를 장수의 동물로 신성시하지만 중국에서는 정반대입니다. 거북이의 속칭인 '王八 wángba'는 중국에서 심한 욕설로 사용되고 있습니다. ▶Episode 76

2. 🔍 '戴绿帽子 dài lǜmàozi(초록색 모자를 쓰다)' 혹은 '戴绿头巾 dài lǜtóujīn(초록색 두건을 쓰다)'에는 '아내가 바람이 났다'라는 비유가 숨어 있습니다. ▶Episode 80

3. 🔍 선생님은 '老师 lǎoshī'라고 호칭하며, '先生 xiānsheng'은 성인 남자에 대한 존칭으로 쓰입니다. ▶Episode 91

4. 🔍 '亲爱的 qīn'ài de'는 주로 연인 사이 혹은 친한 여자 친구들 사이에서 호칭으로 사용하는데, SNS상에서 '고객님'을 부르는 호칭으로도 사용됩니다. ▶Episode 91

5. 🔍 검보는 경극에서 일부 배역들의 진한 얼굴 분장을 일컫는데, 등장인물의 성격이나 특징을 파악할 수 있는 중요한 장치입니다. 그중 하얀 얼굴은 교활하며 간사한 성격의 인물을 상징합니다. 대표적 인물로는 조조(曹操 Cáo Cāo)가 있습니다. ▶Episode 89

6. 🔍 치파오는 만주족이 입던 긴 옷인 창파오(长袍 chángpáo)에서 유래하였습니다. 말을 쉽게 탈 수 있도록 소매가 넓고 옆트임을 내어 디자인되었습니다. 청나라 시대부터 한족에게 널리 사랑받았으며, 많은 변천을 거쳐 현재 중국을 대표하는 전통 의상으로 자리매김하였습니다. ▶Episode 83

7. 🔍 중국에서는 술잔이나 찻잔이 비기 전에 첨잔하는 것이 예의입니다. 광둥 지역에서는 상대방이 자신의 잔에 차나 술을 따라줄 때 고맙다는 말 대신 테이블을 가볍게 두드려서 고마움을 표시합니다. ▶Episode 84

8. 🔍 250(二百五 èrbǎi wǔ)는 '멍청이'라는 뜻으로 되도록이면 사용하지 않는 것이 좋습니다. ▶Episode 87

9. 🔍 축의금은 금액을 홍빠오에 짝수로, 조의금은 흰 봉투에 홀수로 넣습니다. 좋은 일은 겹쳐서, 안 좋은 일은 한 번만 일어나기를 바라는 마음입니다. ▶Episode 81

10. 🔍 '囧 jiǒng'은 본래 창문의 모양을 본뜬 고대 상형 문자로 '빛나다'라는 뜻인데, 그 모양이 눈살을 잔뜩 찌푸린 사람 얼굴과 닮았다 해서 우울하거나 난감할 때 이모티콘으로 사용할 수 있습니다. ▶Episode 96

정답

1. 한 해가 '넉넉하기를(余 yú)' 바라는 마음에서 '생선(鱼 yú)'을 먹습니다. '닭(鸡 jī)'은 '길하다(吉 jí)'와 해음입니다. ▶Episode 78

2. '도마뱀(壁虎 bìhǔ)'의 중국어 발음은 '庇护 bìhù(보호하다)'와 비슷하여 안전을 기원하는 의미로 자동차 뒤에 도마뱀 장식을 합니다. ▶Episode 76

3. 숫자 '8(八 bā)'은 '(돈을) 벌다'라는 의미의 '发 fā'와 발음이 비슷해서 부를 가져다준다고 믿습니다. ▶Episode 87

4. '배(梨子 lízi)'는 '이별'을 뜻하는 '离 lí'를 떠올리게 합니다. ▶Episode 77

5. '책(书 shū)'과 '승부에 지다(输 shū)'의 발음이 서로 같기 때문에 패배를 연상시킵니다. ▶Episode 77

6. '벽시계(挂钟 guàzhōng)'는 '죽음' 또는 '종말'을 뜻하는 '终 zhōng'과 발음이 같기 때문에 피해야 하는 선물입니다. ▶Episode 77

7. '碎碎平安 suìsuì píng'ān(깨뜨릴수록 평안하다)'과 '岁岁平安(해마다 평안하다)'의 발음이 서로 같습니다. ▶Episode 90

8. 514호와 914호는 각각 'wǔ yāo sì', 'jiǔ yāo sì'라고 읽는데, 들으면 '我要死 wǒ yào sǐ(나는 죽을 것이다)', '就要死 jiù yào sǐ(곧 죽을 것이다)'와 발음이 비슷합니다. 중국인은 전화번호나 자동차 번호, 방 번호 등에 이러한 숫자 조합을 매우 꺼리기 때문에 피하는 편입니다. ▶Episode 97